此专著系吉林省教育科学"十三五"规划2020年度课题《吉林省高等教育投入产出效率研究》（课题批准号：GH20098）的主要研究成果。

光明社科文库
GUANGMING DAILY PRESS:
A SOCIAL SCIENCE SERIES

·教育与语言书系·

高等教育投入产出效率研究

——以吉林省为例

张海龙　王　巍　张佳宁 | 著

光明日报出版社

图书在版编目（CIP）数据

高等教育投入产出效率研究：以吉林省为例 / 张海龙，王巍，张佳宁著 . -- 北京：光明日报出版社，2022.2

ISBN 978 - 7 - 5194 - 6469 - 1

Ⅰ.①高… Ⅱ.①张… ②王… ③张… Ⅲ.①地方教育—高等教育—投入产出—研究—吉林 Ⅳ.①G649.283.4

中国版本图书馆 CIP 数据核字（2022）第 036668 号

高等教育投入产出效率研究：以吉林省为例
GAODENG JIAOYU TOURU CHANCHU XIAOLÜ YANJIU：YI JILINSHENG WEILI

著　　者：张海龙　王　巍　张佳宁

责任编辑：杨　娜　　　　　　　责任校对：张月月
封面设计：中联华文　　　　　　责任印制：曹　净

出版发行：光明日报出版社

地　　址：北京市西城区永安路 106 号，100050

电　　话：010 - 63169890（咨询），010 - 63131930（邮购）

传　　真：010 - 63131930

网　　址：http：// book. gmw. cn

E - mail：gmrbcbs@ gmw. cn

法律顾问：北京市兰台律师事务所龚柳方律师

印　　刷：三河市华东印刷有限公司

装　　订：三河市华东印刷有限公司

本书如有破损、缺页、装订错误，请与本社联系调换，电话：010 - 63131930

开　　本：170mm×240mm

字　　数：196 千字　　　　　印　　张：17

版　　次：2022 年 2 月第 1 版　　印　　次：2022 年 2 月第 1 次印刷

书　　号：ISBN 978 - 7 - 5194 - 6469 - 1

定　　价：95.00 元

序 一

　　高等教育"投入—产出"效率、高等教育与经济增长协调发展，是经济学界及教育政策制定者关注的热点问题。当前我国财政性教育经费占国内生产总值的比例已接近中等偏上收入国家平均水平，但与高收入国家相比仍存在明显差距。在经费配置结构上，我国高等教育资本性支出比例过高，经常性支出尤其是人员经费支出比例严重偏低。因此在跨入"后4%"时代以后，我国既要确保教育经费总投入不断增加，逐步提高各级教育生均经费，又要完善和优化教育经费配置结构，提高人员经费和研发经费支出比例，形成以经常性支出为主、资本性支出为辅的教育投入机制，实现从以物为主投入向以人为主投入的转变，充分释放人才红利。围绕这些问题，近年来学者们从各方面做了许多研究，也取得了不少的研究成果，但针对吉林省高等教育投入产出效率的研究，在我所掌握和了解的范围内还没有系统的论著。今闻张海龙教授即将出版《高等教育投入产出效率研究——以吉林省为例》一书，并邀请我为本书作序，我欣然应允。

　　首先，我为海龙26年来对高等教育管理、建设与改革的思考和坚守而高兴。海龙同志1996年毕业后在学校教务处工作，一干就是19年，恰好那时我作为教学副校长主管教务处，对海龙有较多的了解，他对教育教学管理和改革有研究兴趣，积极承担多项研究课题。我做校长后，海龙依然作为学校教学成果奖培育部门的主要工作人员之一，为学校2005年、2009年3项国家级教学成果二等奖做出了自己的贡献，在这3项教学成果奖中，海龙同志既是培育者又是践行者。2014年因工作需要海龙同志被调整到学校的发展规划部门工作，但他仍然在教学一线、科研一线和高校管理一线，思考高校教育发展问题，为高校发展贡献他的才智。

其次，我为海龙同志出版《高等教育投入产出效率研究——以吉林省为例》一书而高兴。习近平总书记在十九大报告中提出，"建设教育强国是中华民族伟大复兴的基础工程，必须把教育事业放在优先位置"，作为教育管理者应思考如何实现教育强国，尤其是思考如何做强高等教育。评价与衡量中国高等教育投入与产出的效率问题是在加大高等教育投入时必须研究与思考的问题。本书利用DEA模型对所选取的吉林省18所高等院校的数据进行了静态分析，为了使DEA模型的结果更准确，又利用Malmquist指数模型对吉林省18所高等院校的投入产出效率进行了动态分析，用以点带面的方式和解剖麻雀的思路来开展研究，借此对吉林省的高等教育投入产出效率进行了剖析。本书以可取得的数据为基础，选取恰当的模型，对模型运行结果进行分析，并给出今后学校发展的对策建议，对吉林省高等教育投入产出的优化具有较好的参考价值。

再次，我为本书能够为吉林省高等教育的投入产出效率研究给出一种范式而高兴。党的十九届五中全会指出，教育要高质量发展，高等教育进入普及化阶段，建设高质量教育体系，教育改革发展的外部环境和宏观政策环境已发生了深刻变化，面临着新形势、新阶段、新理念、新格局、新目标和新要求。吉林省正面临振兴发展、实施"三个五"战略、着力构建"一主、六双"产业空间布局，以及实施创新驱动战略和高教强省战略，随着我国经济总量和吉林省经济总量的不断扩大，教育投入的"后4%"时代投入总量也不断增大，如何让钱花在刀刃上，让高等教育投入产出效率最大化，这本书也给出了一些思考与借鉴。

最后，本书的研究成果也是吉林省教育科学"十三五"规划项目"吉林省高等教育投入产出效率研究"的研究成果，祝贺海龙教授的研究成果顺利出版，并发挥著作的学术作用，为高等教育投入产出效率的研究与实践提供有益的参考。期待海龙在今后的工作、教学与学术研究过程中，不断思考、不断研究、不断出新成果，为学校的事业发展抑或为吉林省高等教育的发展与探索贡献自己更多的智慧和才能。

张陆江

长春工业大学原校长、教授、博士生导师

2021 年 4 月 9 日

序　二

　　与海龙的相识可追溯到 2007 年，经好友推荐与海龙相识，当初他给我的印象是一个谦虚、智慧之人。随着接触的深入，对海龙的认识更加清晰，海龙凡事彬彬有礼，到位而不越位，做事有格局注重细节，做事有原则懂感恩，做学问有韧劲有钻劲，对学术的认知有自己的视角和切入点，并且能够持续深入地做下去、研究下去。2008 年海龙提出要考取我的博士研究生，2009 年因我的博士指标用完，海龙一度坚持要再考一年做我的学生，但在我的劝导下，重新调整了导师，2009 年海龙在吉林大学技术经济与管理专业进行了博士研究生的学习。虽然名义上我不是海龙的亲导师，但是在后面的接触过程中，无论是在博士生的课堂上，还是在后面的学术探讨中，海龙都把我当成自己的亲导师一样，学术上的事情也会不断向我请教、与我交流。15 年来，我们一直保持着亦师亦友的情感联系和学术探讨。作为海龙的"导师"（海龙一直把我当成导师，我也很欣慰，因为有这样一个学生而高兴），欣闻海龙新的学术成果即将付梓出版，并邀请我作序，我感到非常高兴并对海龙表示衷心祝贺！

本书的研究契合了《中华人民共和国国民经济和社会发展第十四个五年规划和2035年远景目标纲要》中关于"推进高等教育分类管理和高等学校综合改革，构建更加多元的高等教育体系……优化区域高等教育资源布局，推进中西部地区高等教育振兴"的要求，有利于提高吉林省高等教育资源的利用效率，促进吉林省教育投入更精准更有效。

本书基于教育经济学理论、人力资本投资理论以及公共政策理论对吉林省18所本科院校的投入产出效率进行分析。首先利用CCR、BCC模型进行DEA有效性评价，并对规模效率进行静态分析；其次，利用Malmquist指数模型对全要素生产率的总体情况进行动态分析，并对各个高校状况进行详细剖析。在被分析的吉林省18所省属高校中，2014年有9所高校达到DEA有效；2015年有12所高校达到DEA有效；2016年有12所高校达到DEA有效。吉林省高等教育在投入产出方面有待进一步改善，本书利用投影分析原理对其余非DEA有效的院校开展分析，列举其中的投入冗余量和产出不足量，得到这些大学能优化的空间。本书对所选取的高校进行整体和分阶段的动态分析，从技术效率变化指数和技术进步效率变化指数来对高等教育的发展趋势进行分析，并积极寻找其效率提高或下降的缘由。大学投入产出全要素生产效率增长的主因是技术进步效率变化和纯技术效率变化指数的提高，其中可知技术进步效率变化指数发挥的作用较大。技术效率变化指数和规模效率指数的降低，对本阶段的全要素生产效率造成了不良影响。在吉林省高等教育全要素生产效率上升的过程中，技术进步效率指数占有主导地位，全要素生产效率和技术进步效率指数的变化存在同步性，因此，维持增长势头，必须从技术进步的上升性入手。

本书整体上可以分为四大部分。第一部分是全书的导论，主要是第一章，包括全书的总领概括、背景、研究意义、国内外研究现状、研究方法与创新之处。教育是同养老、医疗并立的重大民生问题。自中华人民共和国成立以来，中国的教育改革跌宕起伏，在20世纪90年代走上"教育产业化"之路，各种形式的办学和教育培训方式百花齐放。这在丰富教育多样性和创造更多教育机会的同时，也产生了不少社会争议，单纯地强调教育产业化、教育促进经济增长的发展思路不断被质疑。教学质量下降、教育乱收费乱摊派等问题接踵而至，对中国的教育改革提出了新的挑战。第二部分是全书理论基础和中国高等教育的投入现状研究，主要在第二、三、四章，主要是从理论和现实两个层面论述中国高等教育投资效率问题。第三部分是全书的核心内容，主要在第五、六、七、八、九章，主要阐述了数据包络分析法（DEA）、吉林省高等教育投入的现状以及在现状基础上构建的评价指标体系，并从吉林省37所普通本科院校（含5所独立学院）中选取了18所可查到数据的高校进行了实验分析研究，并对实证结果进行一一分析，在对国外高校投入产出的经验进行借鉴的基础上，提出了吉林高等教育投入产出效率提升的策略。第四部分是研究结论与展望，即本书的第十章，主要包括本书的结论、本书研究的不足以及需要进一步研究的问题。全书理论体系完整，逻辑性强，具有一定的创新性。

再次祝贺海龙的著作顺利出版！望海龙能循其志、守其心、正其品、遵其德、展其才、践其行，期盼海龙今后取得更多的优秀学术成果！

吉林大学管理学院原院长、教授、博士生导师

吉林省委、省政府决策咨询委员会委员

2021 年 4 月 9 日于长春·吉林大学南岭校区

前　言

本书所取得的研究成果是吉林省教育科学"十三五"规划项目"吉林省高等教育投入产出效率研究"的主要研究成果。本书是在教育投入到 4% 以后,对高等教育尤其是吉林省高等教育投入产出效率的实证分析与对策研究的重要成果。

高校是教育体系的重要组成部分,也是我国科技创新体系的三大主体之一,肩负着人才培养、科学研究、社会服务和文化传承与创新、国际交流合作等重任。在人才环流时代的国际人才竞争背景下,科学有效地评价高校投入与产出效率、合理配置有限的资源以及提高创新能力是关系着国家、社会及高校进步的重要课题,同时也和毕业生培育质量及就业质量紧密相关。十九大报告将创新和教育作为全面建成社会主义现代化强国新征程的关键组成部分,再次明确了建设教育强国是中华民族伟大复兴的基础性工程,强调要把教育事业放在优先发展的战略地位,加快教育现代化和信息化建设,办好人民满意的大学。我国高等教育进入大众化时代后,教育规模不断扩大,国家和社会对高等学校的教育资源投入也日渐增加,但资源的稀缺性决定了优质教育资源注定无法满足当前人民群众的需求。十九届五中全会指出，教育要高质量发展，高等教育进入普及化阶段，要建设高质量教育体系。因此，本书通过对吉林省高等教育投入产出效率的实证研究，可以发现吉林省教育资源配置中的问题，并提供数据分析支撑，这对提高我国高等教育效率水平和国际竞争力都具有一定的参考与借鉴意义。

本书共分十章内容，紧紧围绕吉林省高等教育投入产出效率这个中心进行了理论研究与实证分析，在重点归纳总结已有研究中的指标体系、DEA 的优点和各模型的特点之后，建立本书适用的评价指标体系，并选取 CCR、BBC 和 Malmquist 模型。利用吉林省 18 所高等院校 2014—2016 年的数据，应用计量分析法及比较分析法，通过静态分析和动态分析相结合的方法对各个高校进行评价。结果表明，2014 年有 50% 的高校达到了 DEA 有效和规模报酬不变，DEA 无效的 9 所高校中只有 1 所存在规模报酬递减，其他 8 所处在规模报酬递增状态；2015 年有 66.67% 的高校达到规模有效和 DEA 有效状态，DEA 无效的 6 所高校中有 2 所属于规模报酬递减的状态，4 所处于规模报酬递增时期；2016 年66.67%的高校处于 DEA 有效和规模报酬不变的最优情况，其余 6 所高校中有 4 所高校处于规模报酬递减状态，2 所处于规模报酬递增状态。

本书中 DEA 非有效的高校主要存在经费和专任教师投入过多的情况，经计算给出了对应的改进方案。吉林省高校投入产出全要素生产效率上升的主要原因是技术进步效率变化和纯技术效率变化指数提高。最后，在借鉴国外提高高等教育投入产出效率经验的基础上，本书对吉林省高校乃至全国高校提出了可行性建议，并为我国其他地区提高高等教育投入产出效率提供了借鉴与启示。

本书以吉林省高校作为研究对象，利用实证分析直观地展示吉林省高等教育近年的投入产出效率情况，为提高教育投入产出效率提供数据支撑，也便于其他地区进行比较和学习。本书在研究过程中避免了绝大多数学者采用静态分析来探讨高校投入与产出效率，不能持续有效全面评价分析的不足，从静态和动态两个角度分析吉林省高校投入与产出效率，尽量弥补单一方法评价高校效率的缺陷，并希望以此来丰富高校效率评价的方法体系及理论。

2020 年 11 月 9 日于长春南湖之畔

目　录
CONTENTS

第一章 绪 论

教育是一个民族强盛的基础和根基，而发展高等教育是解决社会分工、满足不同岗位需求的必然选择之一，如何发挥教育的作用、如何发挥教育投入的效益和效率，是教育工作者尤其是高等教育工作者应该思考与设计的选题。

第一节 选题背景

教育是面向未来的根本事业，是我国实现中华民族伟大复兴的中国梦和进步的基石。人才是第一资源，提倡优先发展教育，大力建设人才强国是我国重要的战略目标。自改革开放以来，我国高等教育整体水平显著提高，但是发展过程中的区域性差异较大，教育资源配置不均衡、发展不均衡等问题更是接连不断地出现。但可以肯定的是，无论在任何改革发展阶段，党中央都对高等教育高度关注。1993 年发表的《中国教育改革和发展纲要》中提到，中国高等教育必须转向内涵式发展为主的道路，使高校规模适度、结构科学合理、质量和效益不断提高，区别各地区与各类院校的特点。① 高等教育作为人才强国战略实现的保障，正处于走向新发展路径的阶段，必定注重人才培养质量的提升和效益的优化，争取基于少量投入实现产出数量、质量与效益的最佳效果，在这一发展过程中高等教育投入产出效率测算是重要的评价环节。

2016 年，我国新增劳动力平均受教育年限超过了 13.3 年，已经等同于大一水平。② 2018 年，我国新增劳动力中有 48.2% 的人接受过高等教育，平均受教育年限达到 13.6 年，教育为国家培养了各类人才，此阶段也是重要的人力资本积累过程。③ 在这个科技创新时代，我国政府及社会对高等教育的投入呈现持续性增长的趋势，但同西方发达国家相比还有一定的距离。在整个教育体系中，高等教育是目前最高的层次，高校具有学科综合、知识种类多样的特点，此外还承担了培养高素质人才的责任。教育资源投入作为一种技术支持，对于地区经济发展是一剂强心针，吉林省高等教育是推动国家和区域创新、经济发展的重要力量之一，社会各界一直呼吁增加各项教育投入，实际上却忽略了已经大量投入使用的师资和拨款是否充分发挥作用。

1977 年恢复高考后，中国高等教育飞速发展，高等院校数量、招生计划以及毕业人数逐年增加。1998 年，高教布局结构取得重要进展，全国普通高等学校增长到 1022 所，录取大学生 108.36 万人，在读生 340.87 万人，此时高等教育毛入学率达到了 5%，培养研究生的

---

① 中共中央国务院. 中国教育改革和发展纲要［EB/OL］. 中华人民共和国教育部，1993.

② 我国新增劳动力平均受教育年限超过 13.3 年［EB/OL］. 人民网，2017-09-29.

③ 庆祝中华人民共和国成立 70 周年活动新闻中心举办第二场新闻发布会［EB/OL］. 中华人民共和国国务院新闻办公室，2019-09-26.

单位达到 736 个；全国成人高等学校 962 所，共招收 100.14 万名大学生。2002 年，毛入学率上升至 15%，高等教育开始跻身大众化阶段。[①]《国家中长期教育改革和发展规划纲要（2010—2020 年）》则提出了更高的目标，到 2020 年，在校生人数力争达到 3550 万人，且毛入学率要上升至 40%。[②] 截至 2016 年 12 月，全国共 2880 所高校，其中普通高等学校 2596 所，研究生培养机构 793 个，在校人数 3699 万人，高校毛入学率 42.7%，高校毕业生人数扩大到 765 万。[③] 至此，我国已提前完成《国家中长期教育改革和发展规划纲要（2010—2020 年）》制定的发展目标，并成为拥有全球最大规模高等教育体系的国家。

截至 2017 年年底，我国各类高等教育在学总规模达到 3779 万人，高等教育毛入学率达到 45.7%，与上年相比有所提高；全国高等学校数量达到 2631 所，其中本科院校 1243 所，普通高等学校校均规模 10430 人；研究生培养机构共 815 个，研究生招生 80.61 万人，其中全日制 69.19 万人；在学研究生 263.96 万人，毕业研究生 57.80 万人。[④] 截至 2018 年年底，我国各类高等教育与在学总规模达到 3833 万人，高等教育毛入学率达到 48.1%。全国共有普通高等学校 2663 所，研究生培养机构 815 个，其中本科院校 1245 所，普通高等学校校均规模 10605 人，研究生招生 85.80 万人，其中全日制 73.93 万人。在学研究生 273.13 万人，毕业研究生 60.44 万人。[⑤]

---

① 教育部.1998 年全国教育事业发展统计公报［Z］.1999.
② 国家中长期教育改革和发展规划纲要工作小组办公室.国家中长期教育改革和发展规划纲要（2010—2020 年）［Z］.2010-07-29.
③ 教育部.2016 年全国教育事业发展统计公报［Z］.2017-07-10.
④ 教育部.2017 年全国教育事业发展统计公报［Z］.2018-07-19.
⑤ 教育部.2018 年全国教育事业发展统计公报［Z］.2019-07-24.

近几年，我国高等教育发展实现了具有里程碑意义的"三个首次"。第一，高等教育毛入学率首次突破40%，远超世界平均水平（34.5%），接近中高等收入国家平均水平（43.9%）。第二，高等教育每年为社会输送毕业生首次突破1000万人，规模稳居世界首位，源源不断地满足经济社会发展各方面的人才需求，为我国现代化建设积累了坚实的人力资本。第三，考虑时滞因素，海外归国人数首次超过出国留学人数，迎来中华人民共和国成立以来最大规模海外人才归国潮，高等学校成为海外高层次人才回流报国的主渠道。①

2017年党的十九大胜利召开，十九大报告将就业问题提到前所未有的高度，提出"就业是最大的民生"，我们必须"要坚持就业优先战略和积极就业政策，实现更高质量和更充分就业"。十九大报告特别将高校毕业生作为就业的重点关注群体，强调"提供全方位公共就业服务，促进高校毕业生等青年群体、农民工多渠道就业创业"。

从我国2011年年底测算的数据来看，高技能人才缺口约达3117万人，到2015年这一现象仍未改观，技能劳动者数量占全国就业人员总量的19%左右，其中高技能人才仅占5%。2013年我国人力资源与社会保障部门对全国100多个城市劳动力供求情况的分析显示，各技能等级岗位空缺数量和求职人员的比率都大于1，其中高级技师和高级工程师的求人倍率达到2.72和2.13。2016年《中国劳动力市场技能缺口研究》报告同样指出高技能劳动力供求缺口日益扩大及人才层次矛盾显著的问题。②

---

① 徐辉. 新时代的中国高等教育：成就、挑战和变革［J］. 高等教育，2018（8）：67-72.

② 姜璐，李玉清，董维春. 我国高等教育结构与产业结构的互动与共变研究——基于系统耦合关系的视角［J］. 教育科学，2018（3）：59-66.

党的十九大在部署今后国家发展规划时指出，从 2020 年到 21 世纪中叶将分为两个阶段。第一个阶段是从 2020 年到 2035 年，在全面建成小康社会的基础上，再奋斗十五年，基本实现社会主义现代化。到那时，我国经济实力、科技实力将大幅跃升，跻身创新型国家前列；人民平等参与、平等发展权利得到充分保障，法治国家、法治政府、法治社会基本建成，各方面制度更加完善，国家治理体系和治理能力现代化基本实现；社会文明程度达到新的高度，国家文化软实力显著增强，中华文化影响更加广泛深入；人民生活更为宽裕，中等收入群体比例明显提高，城乡区域发展差距和居民生活水平差距显著缩小，基本公共服务均等的基本实现，全体人民共同富裕迈出坚实步伐；现代社会治理格局基本形成，社会充满活力又和谐有序；生态环境根本好转，美丽中国目标基本实现。国家为实现这些目标进一步论证了"五位一体"的总体布局。由于教育在国家的全面发展中具有先导性、基础性、全局性的重要战略作用，而高等教育又是整个教育体系中同"五位一体"的发展直接密切相关的重要组成部分，因此，认真思考并着手制定面向 2035 年的高等教育发展战略，已经成为摆在我们面前的重大任务之一。高等教育与十九大提出的"五位一体"的总体布局密切相关。我国要保持经济长期可持续增长，就必须通过高等教育源源不断地培养出经济发展所必需的各种高级专门人才，尤其是知识创新、科技创新的领军人才，并通过大学的高水平科学研究源源不断地产生知识创新、科技创新成果，实现经济增长从投资驱动向创新驱动的转型；要发展社会主义民主政治，就必须扩大人们接受高等教育的机会，增进人们对公共利益的理解和对政治生活进行民主参与的必不可少的素质准备；要满足人们对文化繁荣日益增长的需求，增强国家的文化软实力，就必须通过高等教育的发展，提高文化传承与创新能力，加快文化建设；要促进社会公平，建设和谐社会，就必须发挥高等教育调节收入分配结构、促进整个社会积极向上流动的作用机制，阻断贫困的代际传递；要建设生态文明和美丽国家，就必须大大提高全体居民的教育水平，增进人们对良好生态重要性的深刻理解和自觉保护，从而实现资源环境与社会经济的协调健康发展。①

发达国家的相关学者们在 20 世纪就非常关注高校效率问题，并开始大胆尝试使用指标体系来进行评价，其中一部分学者甚至还认为效率是当今国家发展的重要主题。随着世界竞争的不断加剧，大学就是培养适应时代要求的人才殿堂，应该把促进国家繁荣作为高校的使命。我国学者也已经逐渐认识到高等教育投入产出效率问题的重要性，但还缺少一系列完整、科学的学术体系支撑，尤其是许多地方院校对效率问题了解不深，缺少经验，导致自身评价过程难以实施，仅仅流于表面形式，抗拒评价研究。社会经济结构调整也对高校原有人才培养模式造成冲击，全国性效率评价活动很难有效实行。

高校是中国创新体系的主导力量之一，是各项科研成果产出的重要培育地，而创新发展又是国家实施创新驱动发展战略对高校的客观要求。高等教育发展水平与国家发展潜力呈正相关的关系，助力国家创新体系建设，新时期提出的"双一流"建设战略更是对我国高校效率提出高要求，全国高校进入同一个公开竞争平台，地方高校迎来新机遇。在"后4%"时代，国家对高校的财政投入正逐年增加，而各类资源稀缺和配置率低下是当下亟须解决的关键问题。国家发展的关

---

① 闵维方. 从经济视角看我国面向 2035 年的高等教育发展战略 [J]. 教育与经济，2018（2）：3–9，42.

键因素正是高水平人才，这就要求高校必须提高投入产出效率。现在我国东北地区经济相对稍显落后，资源投入水平受限，但高等教育大众化导致高校在校生数量与日俱增，高等教育投入与产出的矛盾凸显。高校作为人才培养最直接最主要的部门，提升吉林省高等教育效率，优化教育资本供给侧，是解决吉林省教育资源投入不足、增进教育福利、确保东北老工业基地振兴更顺利进行的关键。

第二节　研究意义

近些年，高等教育扩招和高等学校扩建成为拉动国民经济增长的支柱，高等教育投资也随之增加。2012 年财政性教育经费支出占国内生产总值的比重达到 4%，具有划时代的历史性意义。我们肯定高等教育的蓬勃发展满足了人们日益增长的需求，但也应该重视高等教育发展中的效率问题。在做大国民经济这块蛋糕的同时，也要分配好这块蛋糕。"效率"的提高是经济发展的终极目标之一，长久以来经济学家就对此保持着浓厚的兴趣，而现有对高等教育效率的研究多集中在宏观层面的单一方法上。因此，深入探讨高等教育投资结构及其效率具有重要的理论和实证意义。

吉林省居于中国东北中部，是社会经济不发达区域，推行"振兴东北老工业基地"战略后，吉林省在党和人民的关心支持下正准备重新"起飞"。值得瞩目的是，2016 年吉林省长春新区获批成为我国第 17 个国家级新区，这对加快推进"一带一路"建设和新时期东北振兴、深化图们江开发，具有重要现实意义。为国家和东北地区培养高素质人才是全省高校的首要任务，吉林省高等教育投入产出效率到底如何？高等教育的发展又碰到了哪些困难？

长期以来，高校被大众视为重要的知识聚集之地，是促进国家、社会与地区经济革新发展的主导力量，在我国创新体系中占据至关重要的地位。我国高等教育体系很大程度上由地方高等学校构成，这些高校在服务社会、促进区域经济发展、培养地方稀缺高素质人才等方面发挥着举足轻重的作用，是人文交流的核心载体，不容忽视。有特色的高质量人才是民族核心竞争力，高等院校办出特色，是求生存、求发展的必由之路，因为特色就是质量，特色就是水平，特色就是生命。① 高校呈现出知识和学科综合性的特征，能够采取多种多样的手段来实现资源配置，以满足不同类别高校活动的具体要求。高等教育的高效运行，已经化作高校进步乃至经济文化进步的基础，其效率也对社会创新发展的效率具有巨大影响。

虽然国家和各界人士对高等教育的投入逐年增加，但单纯依赖投入是不科学的，高校面临着该如何更加合理配置、开源节流、合理地利用并二次开发已有的资源等困难。王善迈教授曾指出，"以往的研究大多以宏观层面为主，关注中国教育发展与改革中宏观层面的问题，对教育经济微观层面的问题，主要是教育机构和组织运行与管理中的经济问题关注不够"。现存研究多数着手于宏观方向，对微观层面的观察不够多，随着高等教育规模的继续扩大，学校资源利用效率问题会更凸显。

本书的研究意义主要在如下三个方面。

首先，对吉林省高校投入产出效率进行合理而客观的分析，能够

---

① 刘和忠. 树立正确的高等教育质量观［N］. 中国教育报，2002-04-29.

为提高吉林省投入产出效率提供依据。目前关于吉林省高校投入产出效率的实证研究几近为零，本书在梳理相关文献的基础上，构建了符合吉林省实际情况的指标体系，并考察了吉林省高校投入与产出效率的动态变化，并非拘泥于理论研究和静态研究，这有助于全面评价投入产出，对下一步分析吉林省高等教育效率影响成分十分有利。吉林省拥有多所特色院校，如吉林大学、东北师范大学、延边大学、长春理工大学、长春工业大学等，但这些院校在投入和产出过程中仍存在许多特殊的问题等待我们去解决。

其次，为吉林省提高高等教育投入产出效率提供建议，给全国或部分地区存在的普遍性矛盾提出解决方法。本研究借鉴发达国家高等教育投入产出效率提高的成功经验，结合吉林省实情开展研究，有利于帮助吉林省高校找到自身的不足，探究资源投入利用时的缺陷，以实现有效合理配置，提高吉林省高校投入产出的绩效。同时，本研究有助于提高教育质量，培养出更多优秀的特色专业人才，提高本区域人口素质，扩大就业机会并延缓就业压力，为我国其他地区起到良好的示范及借鉴作用，助力高等教育的科学运行，为国家献出自己的一份力量。

最后，吉林省高校投入产出效率研究可以促进高校效率评价体系与方法的健全。经济学表明，资源是不充足的，但我们的需求是无限的，教育资源投入不充分是我国乃至全球高校的通病，甚至可以认为这是教育发展的一个瓶颈。如美国教育学者马丁·特罗提出的，高等教育普及化与精英阶段、大众化阶段有所不同，它的首要目标并非培养政治或者技术精英，应该是为了培养应对社会和技术快速变化的多样化人才。当前我国高等教育培养出的人才，其结构和能力尚不能与国家人才需求完全一致。随着高等教育院校的规模迅速扩大，中国高等教育资源投入匮乏问题越发明显，基于目前财政性拨款无法有较大提高的情况，只有走高效的"内涵式"发展途径，才符合新时代我国高等教育发展的要求，与高等教育发展阶段相匹配，才能消除种种问题，助力高等教育强国建设。高等教育从单纯追求数量增长到注重质量内涵的转变，更有利于科技进步和创新提升，提升高等教育质量是促进经济高质量发展的关键。多数学者的研究单纯集中于投入指标体系的选取和成果产出的量化，如升学人数、毕业率、辍学率、教室利用情况等，对社会效应和对外交流方面的研究却比较忽视。本研究期冀可以让更多学者重视就业和国际交流，同时对毕业生就业及吸引人才的相关政策制定给予相应的参考。

因此，研究吉林省高等教育投入产出效率同时具有理论价值和现实意义。

第三节　国内外研究现状

对于高等教育投入产出效率的研究，是解决新时期高等教育高质量发展的关键之一。

一、国外研究现状

1. 关于高等教育外部与内部效率的研究

（1）有关高等教育外部效率的研究

安格斯·麦迪森（Angus Maddison, 1957）以教育要素投入所带来的 GDP 增长与 GDP 增长速度之比作为衡量教育对经济贡献的指标，核算了西方 6 个国家在 1973—1984 年的数据，得出美国和法国的高等教育对 GDP 增长的贡献率分别为 10.52% 和 14.61% 的结论。美国经济学家西奥多·舒尔茨（1961）运用自己创造的"经济增长余数分析法"，将 1929—1957 年的教育投入同社会经济发展间的关联性进行实证，结论为教育的投入在此阶段国民收入中占比 33%[①]。丹尼森（1962）也进行了此类分析，因在增长因素分析上更为深入，受到了世界范围的大量引用。其结论显示了教育对全美国民收入增长在 1929—1948 年有 37% 的支撑[②]。科尔曼等（1966）首先谱写了教育生产函数学说，尤其是考察教育资源投入与在校生最终分数的联系，这是将经济增长思想运用到教育产出中的一次重要尝试[③]。Shephard（1970）也借鉴了这种思想，将教育活动当作生产活动的一种。国外学者利用 DEA 方法进行教育投入产出效率的研究，最早可追溯到 1974 年 Levin 关于教育生产技术效率的测量。Jorgenson 等（1992）从人力资本对经济增长的作用角度，对美国 1948—1986 年的数据进行考察，结果表明人力资本质量的提高对经济增长的贡献比重占经济增长的 26%。卢卡斯（1998）创新性地依据内生增长学说提出教育对经济增长具有积极作用[④]。巴萨尼尼等（2001）运用回归模型，将每个工作

① Theodore Schultz. Invest in Human Capital ［J］. American Economic Review, 1961 (51)：1-17.

② Edward F Denison. How to Raise the High-Employment Growth Rate by One Percentage Point ［J］. American Economic Review, 1962 (52)：67-75.

③ James Coleman. The Concept of Equality of Educational Opportunity ［R］. Harvard Education Letter, 1968.

④ Lucas, R. On the mechanics of economic development ［J］. Journal of Monetary Economics, 1998 (22)：3-42.

年龄的个人 GDP 作为被解释变量，采用了 1971—1998 年经合组织国家的数据，结论为人力资本存量产出弹性是 0.57[①]。蒙泰伊（2007）截取 1970—1999 年法国教育与经济活动的数据，进行相关分析并认为此期间教育并没有带动社会经济的蓬勃发展。赫曼森等（2013）将高等教育作为苏格兰投入产出表中的一个单独部门进行比较，揭示了各高等教育机构对苏格兰经济净支出的影响存在差异[②]。汉纳谢科（2015）深入探究教育对社会经济的增长作用，证明对于国家而言教育质量的重要性[③]。VALERO A 等（2016）收集了全球 78 个国家和1500 个地区的相关数据，对高校与经济发展的关系进行探究，提出了高校自身对相邻区域的经济增长能够产生正向的空间溢出效应[④]。查尔斯·拉金等（2017）首次提出了爱尔兰高等教育部门的分类投入产出表，指出 2010—2011 年爱尔兰高等教育机构的总收入为 26 亿欧元，产生了 106 亿欧元产值，认为本研究有助于爱尔兰在"后救助时代"中迎接挑战[⑤]。

① Bassanini A, Scarpetta S. Does Human Capital Matter for Growth in OECD Countries? Evidence from Pooled Mean Group Estimates［J］. OECD Economics Working Paper, 2001（282）.

② Hermannsson, Lisenkova, McGregor, Kim Swales. The expenditure impacts of individual higher education institutions and their students on the Scottish economy under a regional government budget constraint: Homogeneity or heterogeneity［J］. Environment and Planning, A: International Journal of Urban and Regional Research, 2013, 45（3）: 710-727.

③ Hanushek, E. A. , & Woessmann, L. The knowledge capital of Education and the economics of growth［M］, MIT Press.

④ VALERO A, REENEN V J. The economic impact of universities: evidence from across the globe［R］. London: Social Science Electronic Publishing, 2016: 2.

⑤ Qiantao Zhang, Charles Larkin, Brian M. Lucey. The economic impact of higher education institutions in Ireland: evidence from disaggregated input-output tables［J］. Studies in Higher Education, 2017, 42（9）: 1601-1623.

（2）有关高等教育内部效率的研究

世界著名的卡内基高等教育委员会（1972）首先做了关于规模效率的讨论。其结论为同类型高校中，在校生规模 3000~4999 人的大学要比 7000~9999 人的生均教学成本高出 25%。斯图曼（1985）在关于赠地大学的测算中得出结论，在设置学科专业数量和经费投入时，在校人数为 22850 人的高校经费需求更低。① 英国学者 Tom kins 和 Green（1988）将财政投入以及教师的工资作为投入指标，将毕业生人数、著书、论文数量、专利作为产出指标，利用 CCR 模型研究英国各个大学会计学系的教育效率。科恩等（1989）对美国 121 个公立和私立大学进行规模效益研究，发现经费在 0.8 亿~1 亿美元的高校效率比较高。② Beasley（1990）对某高校化学系的效率状况进行了评价解析，并使用 DEA 列出了排名结果。③ Thanassoulis E. Dustan P（1994）运用 DEA 分析法来引导学校提高绩效。彼得·查罗斯等（1995）使用 207 所高校的数据探索教育部门公共政策的影响因子、教育投入产出效率，采用数据包络分析方法排除了模型建立中的限制。④ Peter Chalos 和 Joseph Cherian（1995）在研究影响教育部门公共政策的因素、评估教育投入产出效率时，由于汇集了 207 所学校的指标，指标数据庞大，

① STOMMEL M. Effects and Consequences of Organization Size：A Study of Land-Grant Insitutions ［D］. Michigan State University，1985.

② COHN E, RHINE S L W, SANTOS M C. Institions of Higher Education as Multi-Product Forms：Economics of Scale&Scope ［J］. The Review of Economics &Statistics，1989（71）：284-290.

③ BEASLEY J E. Comparing University Departments ［J］. OMEGA International Journal of Management eienee，1990，18：171-183.

④ CHALOS P, CHERIAN J. An Application of Data Envelopment Analysis to Public Sector Performance Measurement and Accountability ［J］. Journal of Accounting and Public Policy，1995，14（2）：143-160.

在数据收集方面遇到难题，最后为了克服模型建立烦琐等问题，采用了数据包络分析方法进行评估并取得成功。阿格雷等（2001）运用DEA方法对大学内部院系的绩效进行评价，主要通过由五个指标构成的指标体系对30个学院进行评估。① 约翰·鲁杰罗等（2002）建立了系统的非参数框架来衡量各个教学区的产出，研究纽约州立大学投入产出效率和如何控制导致学校效率非有效的因素。② 马丁（2006）对西班牙萨拉戈萨大学内部院系的教学与科研效率进行了评价。③ 弗莱格等（2010）以英国学校作为决策单元，使用针对性评价指标体系进行测量，提出该国科研效率改进路径。辛科夫斯基（2018）利用DEA方法，使用双重模型来评估大学的教育表现，以及科学研究方面的表现，其样本包括了132所大学，并预测重组机制可能出现的后果。④

总体来看，国外对于高等教育投入产出效率的探索走过了三个阶段：开始是大样本量化研究阶段，此时重点关注的是学生毛入学率、学生成绩，对高等教育的投入与产出之间的关系进行探究；此后，开始将在校生、专任教师、行政管理和财政拨款等作为高等教育投入评价指标，而不是将学业成绩作为唯一评价指标；近期，开始个案研究。

---

① PGRELL P，STEUER R E. Higher Education & Research Opportunities［J］. Research Assessment Exercise，2001（6）：8-21.

② RUGGIERO J，MINER J，BLANCHARD. L. Measuring Equity of Educational Outcomes in the Presence of Inefficiency［J］. European Journal of Operational Research，2002，142（3）.

③ MARRTIN E. Efficiency and Quality in the current Higher Education Context in Europe：an Application of the Data Envelopment Analysis Methodology to Performance Assessment of Departments Within the University of zaragoza［J］. Quality in Higher Education，2006，12（1）：57-79.

④ ZINKOVSKY K V，DERKACHEV P V. Restructuring the System of Higher Education［J］. Russian Education& Society，2018，60（5）：402-421.

二、国内研究现状

1. 有关高等教育外部效率的研究

厉以宁（1984）首先发表了"智力投资经济效果"的含义，称其经济效果是智力活动投入的消耗同最终产出的比值，暂不讨论在社会和经济方面形成的影响。① 邱渊（1995）提出"教育经济效力"的观点，称其表现于教育结构的整体作用和日常科研教学效率，高校活动得到的产出是具有经济效用的。② 崔玉平（2000）采用丹尼森等的方法，从实证角度对我国教育与经济发展的关系进行具体探讨，得出1982—1990 年高等教育对 GDP 的增长有 0.48% 的帮助。③ 叶茂林（2003）认为人力资本提高、教育技术进步与技术创新是影响教育对经济增长作用的两个主要途径，国内早期的探索以定性研究为主，随着研究的深入发展，开始转向定量实证研究。宋华明等（2005）计算了1990—1999 年我国经济增长中高等教育的助力情况，结果为12.66%。④ 刘伟（2008）对中国教育投资与社会经济进一步发展的数量关系进行探讨，得出中国当前教育投资的贡献弹性是 0.91。毛盛勇（2009）针对中国多个地区高等教育与经济发展水平间的协调性，对选取数据进行了实证研究，认为我国当前协调性不甚理想。何菊莲等（2013）使用高等教育人力资本及产业结构优化的评价指标体系，利

---

① 厉以宁. 教育经济学［M］. 北京：北京出版社，1984.

② 邱渊. 教育经济学导论［M］. 北京：人民教育出版社，1992.

③ 崔玉平. 中国高等教育对经济增长率的贡献［J］. 北京师范大学学报（人文社会科学版），2000（1）：31-37.

④ 宋华明，王荣. 高等教育对经济增长率的贡献测算及相关分析［J］. 高等工程教育研究，2005（1）：55-58.

用 2000—2009 年的数据进行分析，结果显示高等教育人力资本的提高对产业结构完善进步有正相关影响。① 杨天平等（2014）使用柯布—道格拉斯生产函数对我国高等教育对经济增长的贡献率进行测算，得出 2001—2011 年高等教育贡献率为 3.62% 的结论。② 林凤丽等（2015）使用 2000—2012 年的数据，计算得出吉林省高等教育对经济增长的贡献为 2.46%。③ 王录仓等（2015）利用空间杜宾模型，论述了高等教育对经济增长的直接效应、间接效应与总效应。④ 俞一珍（2016）利用 1995—2013 年全国的数据，对高校人力投资与产业结构完善进步的关系进行了评述与实证探讨，对如何促进产业良性互动给予建议。左勇华等（2017）应用柯布—道格拉斯生产函数对江西省高等教育对经济增长的贡献进行测算，随后同全国平均贡献率水平做出比较。⑤ 汤建（2018）通过使用灰色关联法等，对现有的高等教育结构与产业结构、就业结构三者之间的相互联系进行了讨论。⑥ 聂娟等（2018）选取 2017 年国内高校排名数据，使用 CD 生产函数模型计算我国 31 个省市区高等教育对区域经济的助推能力贡献，认为各地经济

---

① 何菊莲，李军，赵丹. 高等教育人力资本促进产业结构优化升级的实证研究［J］. 教育与经济，2013（2）：48-55.
② 杨天平，刘召鑫. 中国高等教育对经济增长贡献率的分析比较［J］. 高校教育管理，2014，8（3）：7-16.
③ 林凤丽，赵喜仓，陈雅慧. 吉林省高等教育对经济增长贡献率研究［J］. 东北师范大学学报（哲学社会科学版），2015（3）：81-84.
④ 王录仓，武荣伟，刘华军. 中国高等教育对经济增长的空间溢出效应研究［J］. 黑龙江高教研究，2015（12）：47-51.
⑤ 左勇华，黄吉焱. 江西省高等教育与经济增长关系的实证检验［J］. 统计与决策，2017（10）：104-107.
⑥ 汤建. 高等教育结构、就业结构和产业结构的相关性分析——以安徽省为例［J］. 重庆高教研究，2018，6（2）：48-57.

状况同教育水准高度关联。[①] 刘志林（2019）认为如果高等教育的层次结构同社会经济发展能够匹配，则能够有效帮助形成高等教育与社会发展间的良性互动；同时，刘志林收集了 1982—2017 年高等教育与经济发展的数据，运用主成分分析法、回归分析法和改进的灰色关联度分析法进行研究，结论显示我国高等教育层次结构的调整能够跟随经济的发展脚步，然而近年来的数据标示着高等教育层次结构调整存在滞后性，导致层次结构重心偏低、培养的高层次人才无法适应市场，难以助力新时代创新型的经济发展。[②]

2. 有关高等教育内部效率的研究

按照决策单元的特点，可将国内已有的研究探讨分为四个种类。

第一种是以全国范围内高校为决策单元的研究。刘亚荣（2001）评析了中国高等学校生产效率研究现状，用 DEA 测量中国高等院校的效率。李宁（2007）结合已有体系的指标，选取了专任教师、教授数量、学费、在校生等指标，使用数据包络分析法对我国 1996—2005 年的成人高等教育效率进行具体分析。孙世敏等（2007）利用数据包络分析法对我国 29 个省（区、市）高校科研效率进行了评价，结论显示西部高校效率处于递增时期，但同期低于东部地区高校。[③] 鲁雁飞（2008）运用 DEA 方法评价我国高等教育的规模效益，结果表明我国高等教育资源利用率低，特别是高校评价在校生人数少导致高校平均

① 聂娟，辛士波. 我国高等教育质量差异化及对区域经济增长的效应分析［J］. 中国软科学，2018（11）：58-65.

② 刘志林. 高等教育层次结构与社会经济发展关系分析［J］. 高等工程教育，2019（5）：120-126.

③ 孙世敏，项华录，兰博. 基于 DEA 的我国地区高校科研投入产出效率分析［J］. 科学学与科学技术管理，2007（7）：18-19.

规模偏小。冯彦妍等（2010）选取具有同质的中国大陆地区31个省（区、市）高等教育绩效作为研究对象，以教职工总数、年末固定资产总值、财政投入经费三个指标作为投入指标，以在校学生的数量、科技活动经费作为产出指标，运用数据包络分析法（DEA）结合现代高等教育原有的三大职能（未意识到第四项职能文化传承与创新和第五项职能国际交流合作），即培养人才、发展科学和服务社会，从投入产出角度分析高等教育经费绩效审计，结果表明，东部地区部分省（市）的综合效率和技术效率均没有实现有效，中部地区有较多技术效率有效而综合效率无效的情况，而西部地区的综合效率和技术效率均没有实现有效的省区较多。毛盛勇等（2011）选取DEA模型测量，并详细对比了中国31个省份地区的高等教育投入产出效率，结果发现随着高校规模增大、技术不断升级，规模效率显示出明显变化。[①] 姜彤彤（2012）则用DEA评价模型对我国29个省（区、市）高校科研绩效的效率问题进行了计算与分析，并得出我国西部地区的高校科研效率相比东部地区和中部地区的规模效率呈递增趋势的结论。朱青（2017）根据2003—2014年中国30个省（区、市）高等教育的实际数据，利用Pastor建立高等教育效率评价指标体系实施分析。[②] 李博（2012）使用了1998年到2008年的省际面板数据，对中国高等教育投入和投入产出效率的地区差异进行了实证分析和评估，为了解我国高等教育发展现状和如何更好融入经济发展提供参考依据。李航等（2018）在"双一流"背景下测算了我国近20年高等教育资源配置效

---

① 毛盛勇，俞晓琛. 中国高等教育效率的省际比较——基于DEA的分析 [J]. 调研世界，2011（5）：31-35.

② 朱青. 高等教育效率评价及影响因素研究 [D]. 重庆：西南大学，2017.

率，得到全国综合效率水平处于上升阶段的结论。① 管永刚（2019）利用 BCC 和超效率模型对我国高等教育资源配置效率进行评价，认为其技术效率被纯技术效率所约束。②

第二种是以我国区域或省域内设置的高校作为决策单元。陈通等（2003）对我国西部地区高等教育投入产出效率进行了分析，并指明应重视政府的主导地位、进行多样化办学活动等改进策略。③ 戚错等（2008）对高等教育的科研创新绩效进行了 DEA 评价，他们创新性地运用非 DEA 有效的一个决策单元（DMU）所组成的生产前沿面上的投影分析找到了绩效改进方向的方法，同时在实证分析中发现江苏省内 41 所高校的科研产出基本严重依赖投入的带动。陈昊（2010）运用效率分析、前沿面投影分析、规模收益分析的方法进行实证分析，得出 12 所甘肃省省属本科院校中有 6 所学校技术相对有效、6 所学校技术相对无效的结论。沙曼丽（2010）对辽宁省高等教育的投入产出进行详细分析和探讨，利用搜集的数据，通过建立高等教育投入产出模型分析辽宁省高等教育发展的关键所在。邓伟华等（2012）利用非参数统计方法，以学术资源得分、师资得分、科研经费得分为输入变量，以学术成果得分、学术情况得分为输出变量，对甘肃省高等教育进行评价，结果表明甘肃省内 9 所大学只有 5 所是 DEA 有效的，不存在投入冗余以及产出不足现象。王巍等（2013）根据东北地区黑龙江

① 李航，李成明，曲扶摇，白柠瑞. 资源配置、内涵发展与双一流建设分析［J］. 技术经济与管理，2018（11）：92-98.
② 管永刚. 基于超效率 DEA 模型的高等教育资源配置效率分析［J］. 黑龙江高教研究，2019（2）：84-88.
③ 陈通，向建英. 西部地区高等教育投入产出相对有效性的评价研究［J］. 西北农林科技大学学报，2003（3）：46-49.

省 9 所高校 2009 年的部分数据,选取 CCR 进行高校投入产出效率评价,结论显示必须控制好高校办学规模。[1] 任毅等(2017)运用 DEA 基础模型和灰色综合关联度方法对 2015 年重庆市高校进行评价,结果发现重庆市高等教育综合效率目前处在中等以上程度。[2] 杨梅(2018)利用超效率 DEA 对河南省本科院校开展测算,结果表明该省 15 所高校综合效率均值是 0.744。[3]

第三种是以某类特定性质高校作为单位讨论高等教育投入产出效率。张英等(1992)首先使用了多种评价测量手段对我国重点高校进行了研究探讨。李丽(2006)选取 CCR 模型,分析部属 16 所高校的高等教育资源使用率的效果,详细选取 48 个指标,得出高校资源使用效率仍存在提升空间的结论。韩海彬等(2009)结合研究生教育现状,同时利用 AHP 和 DEA 模型对高校进行评价,并建立对应决策单元的评价指标。[4] 李祥云(2011)建立二次相对效率模型,对部属高校进行评价,结论表明其技术效率和管理能力都有优化空间。[5] 刘小君(2013)使用随机前沿分析方法,对我国教育部直属高校的效率实行了评价与研究。翁明丽等(2013)则采用数据包络分析法对我国部分"211"高校绩效进行技术效率分析,表明教育建设要以应用为本,

[1] 王巍,王志浩,刘宇新.高等教育投入产出的 DEA 规模效率研究 [J].中国管理科学,2013(21):726-730.
[2] 任毅,高聪聪.基于 DEA 模型的重庆市高等教育投入产出效率分析 [J].经济研究参考,2017(61):69-73.
[3] 杨梅.河南省应用型本科院校科技投入产出效率研究 [J].管理科学,2018(7):99-101.
[4] 韩海彬,李全生.基于 AHPA/DEA 的高校投入产出效率评价研究 [J].复旦教育论坛,2009,7(1):66-67.
[5] 李祥云.我国高等学校投入产出的效率评估 [J].高等教育评估,2011(5):49-55.

而非投入越多越好。罗杭等（2014）则以我国"985工程"高校为对象进行了系统性分析，结果发现此类高校的科研效率明显低于教学效率。① 胡咏梅等（2017）采用 Malmquist 方法测算"211工程"高校2006—2010年理工农医学科和人文社科两类高校的科研生产率变动，寻找影响效率的关键点。② 彭莉君等（2018）基于2009—2014年的实情，选择 DEA 交叉效率模型对中央部属院校研究生投入产出效率进行测算与对比，证明了"211工程"和普通高校效率的均值都大于"985工程"大学，西部高校的效率平均数高于地处东、中部地区的高校，排名靠前。③

此外，还有以院校内部部分院系或学科作为决策单元探讨高等教育效率的。郭新立（2003）在《中国管理科学》上发表《基于DEA的学科有效性评价》，运用数据包络分析方法建立了学科技术有效性评价模型，选取同一学科多所院校的投入产出数据，得出关于相应技术有效性的结论，结果表明该模型不仅能评价许可的办学效益水平，还能对非技术有效的学科提供改进依据。赵敏祥等（2011）利用DEA方法对浙江工业大学2005—2009年硕博教育投入效率进行实证分析，显示高等教育资源配置方面存在着规模经济。吴英娟等（2013）将长春一所大学作为研究对象，评价这所学校所有院系2008—2011年财力投入效率。朱永明等（2013）对Z大学26个院系连续5年的数据进行投入产出的效果分析，发现各院系的投入产出效率虽然良好，但依然

① 罗杭，郭珍.2012年中国985大学效率评价 [J].高等教育研究，2014，35（12）：35-45.
② Hu Yongmei, Liang Wenyan, Tang Yipeng. Evaluating Research Efficiency of Chinese Universities [M]. Singapore：Springer Nature Singapore Pte Ltd, 2017：26-29.
③ 彭莉君，余菡，白丽新，韩云炜.中央部属高校的研究生教育投入产出效率研究——基于2009—2014年的面板数据 [J].现代教育管理，2018（3）：104-110.

存在投入不足或冗余情况。王善迈等（2014）提出高校内部的经费分配存在公平与效率问题，争取到立项投资后没有足够关注资金实际使用效益。[①] 李玲等（2018）对山东农业大学的人力资源投入产出效率进行评价，对该校 16 个参评学院的综合效率、纯技术效率、规模收益，及投入冗余和产出不足状况进行解析，为山东农业大学日后提高人力资源配置率提供数据支撑。

三、综述

国外对高等教育投入产出效率的学术讨论和实践探索，比我国的要先进和详尽。相比之下，国内许多研究只停留在理论梳理和摸索阶段，缺乏完善性，导致研究发展和实践操作相对落后。我国仍局限于高校整体效率的评价研究，而发达国家已经将重点转向实证分析和个案研究。造成此现象的原因有很多，例如我国在中华人民共和国成立后长时间处于计划经济状态，高等教育没有实现市场化，因此严重缺乏对市场的敏感度，同时，多头管理体制导致高校难以灵活发展，缺少机动性；部分教职工在高校内部各岗位成为代理人后，可能会优先满足自己的利益需求，最后考虑学校的总体计划与目标，甚至完全不关心高等教育事业的发展情况，没有真正承担岗位职责，这必然造成高等教育资源的隐性浪费。同时，因为政府一直是我国高等教育主导权的拥有者，导致校内行政系统严重官僚化，校级管理者与院系管理者等教职工缺乏对学术的更高追求，将行政职位升迁和裙带关系放在

---

① 王善迈，崔玉平 . 教育资源优化配置：中国教育改革与发展中的经济学课题［J］. 苏州大学学报（教育科学版），2014，2（4）：67-72.

首位，重物轻人，忽略了已有资源的配置优化等。

国内外学者都充分认识到了高等教育对经济增长的作用，并分别从理论和实证角度进行了研究，为大力发展高等教育提供重要的数据支撑和指导依据。但仍存在一些不足，如现有的研究视角主要从高等教育对经济增长的关系进行研究，缺乏从高等教育本身的角度去研究，即忽略了高等教育本身的发展特点，及其在我国整个教育体系中的特殊职责。

经过梳理文献可以得到，世界各国对高等教育投入产出效率的各类研究呈现三个特点。

1. 世界各国对高等院校投入产出效率的研究正积极走向完善与深入。很多国内外学者在探讨高等教育投入产出效率问题时，已经从最初单纯的考量效率的静态变化，转到静态分析与动态分析两方面相结合的思维方式，以及进一步探索高等教育投入产出的影响因子等。实际研究中运用的评价方式也越来越多种多样，包括主成分分析、线性分析、综合分析等，尤其是对 DEA 分析法的应用，但此类评价多数是绝对性的测评。未来各国学者要更关注多种 DEA 模型的整体运用，希望使结果分析越发科学有效，且方便快捷，有实操性。

2. 对于我国高等教育投入产出效率评价而言，指标体系还没有形成一个统一的标准。经过资料筛选可知，我国多数学者开展国内高校效率评价研究时，都仅仅围绕在人力、物力和财力资源投入这三个方面，鲜少考虑无形投入（这部分投入的确难以量化）；在产出指标上则主要考虑高质量学生培育、创新科学研究、提供社会服务等传统高等教育职能，几乎没有哪位学者考虑其新兴职能，如对外交流职能、创新经济职能等，使效率研究不能更好地与时代发展紧密联系。缺乏市场意识导致产出的成果质量不高，难以跟上社会需求的日益变化，任务化成果与真正具备实用性的成果难以区分，无法在指标设置时得到体现。[①] 重科研、唯论文等现象导致科研成果很难向教学资源有机转化，与创新这一首要动力相背离。由于研究对象和研究目的的不同，投入产出评价指标也会存在差异，尤其是二级指标或三级指标的不同，导致分析结果难以具备可比性。同时，因为定量和定性指标结构不科学的情况，评价结果易呈一边倒或负极效果，不能发挥真实指向作用，过于简单的评价指标也会干扰评价的全局性和效度。

3. 绝大多数研究是以整体投入产出作为衡量对象的，或仅仅侧重某一方面的考核，因此只能起宏观指导作用，对某个具体的个体似乎没有太大的帮助。效率高的高校其产出量不一定高，效率低的高校也可能既有高投入又有高产出，如何科学地进行高校投入产出效率评价还需要更多探索。

第四节　研究方法与创新之处

本研究采用科学规范的研究方法，以便使研究始终站在科学的轨道上，用严谨的学术思维和科学的数据和模型来规范研究本身，让研究的结论在科学的框架内更加有效。

---

① 赵俊芳，李国良．中国大学专利活动的问题考察及对策研究［J］．高等工程教育研究，2015（1）：45-50.

一、研究方法

1. 文献研究法：广泛搜集有关高等院校投入产出效率问题方面的文献，归纳世界各国学者对高等教育投入产出效率问题的探索现状，结合资料开展分析。提炼研究观点，结合研究对象的实际情况，借鉴已有研究中的经验。

2. 计量分析法：运用 DEA 方法，将收集的资料和挖掘的数据进行量化分析，建立符合吉林省高等教育实情的评价指标体系，利用 DEA 的 BCC、CCR 模型和 Malmquist 指数对吉林省高等教育投入产出效率进行静态分析和动态分析。

3. 比较分析法：本书从横纵两个角度做出比较。按照统一的标准将不同高校的投入产出效率进行比较解析，再从时间序列上纵向比较，观察近年来吉林省高等教育投入产出效率的大致变化趋势。

4. 逻辑分析法：本书框架中按照提出问题、分析问题、解决问题的逻辑分析方法，运用逻辑手段分析处理资料，得出相关信息并进行研究。

二、创新之处

1. 目前我国高等教育投入产出效率评价的探讨对象大多数是全国或特定属性院校，对省域内高校的探讨则多为江苏等地区，吉林省的相关研究几乎为零。本书以吉林省高校作为研究对象，利用实证分析可直观地表明吉林省高等教育近年的投入产出效率情况，为提高教育投入产出效率提供数据支撑，也便于其他地区进行比较和学习。

2. 以往学者们大多采用静态分析来探讨高校投入与产出效率，不能持续有效地全面评价分析。本研究从静态和动态两个角度分析吉林省高校投入与产出效率，尽量弥补单一方法评价高校效率的缺陷，希望丰富高校效率评价方法体系及理论。

3. 在评价指标体系确立方面，本研究积极参考其他学者的指标选择，并根据吉林省实际情况进行取舍，使之符合本研究的最终目的。如在研究高等教育投入时关注了省内自设学术称号长白山学者，在产出方面则聚焦高等教育新兴的对外交流功能的实现，有利于进一步提高高校活力，在国际竞争中奋力前行。

第二章　高等教育投入产出的相关理论

本章首先将各个核心概念进行界定，包括高等教育、效率、高等教育投入产出效率这三个概念，有助于确定后续研究范围；其次对相关理论进行阐释；最后对本书选用的 DEA 方法进行简单介绍与描述。

第一节　核心概念界定

厘清概念的内涵与外延，尤其是核心概念的内涵对于任何研究都至关重要，这也是做研究的基础，内涵不清则后面的原理、结论等都失去了支撑与基础。

一、高等教育

1962 年 UNESCO① 明确指出，现代高等教育机构包括多类型大学、文科学院、理工学院、师范学院等。高等教育是教育体系中的最高层次，《中华人民共和国高等教育法》提出了高等教育是高级中等

---

① 联合国教育、科学及文化组织。

教育基础上进行的，有学历和非学历教育，分别有全日制和非全日制的学习形式。高等教育通常认为有专科生教育、本科生教育和研究生教育共三类。高等教育是教育系统中的重要组成部分之一，它通常囊括以高水平人才培育和社会服务为其首要任务的多种高教机构。

20世纪后半叶是我国高等教育发展过程中急剧扩展和质变的时期，全国对高质量人才资源的紧缺情况越发严重，以及个人接受高等教育就学机会的迫切渴望，使得高等教育以前所未有的速度发展，从属于少部分人的精英式教育走向大众化。从系统理论的视阈看，高等院校是个纷繁错杂的系统，由多个目标、多个层次、多种因素的各个部分组成。

本书中所指的高等教育主要是公办本科高校，即由我国政府部门创办的高等学校，包括公办一本和公办二本院校，学校资金基本来源于政府财政拨款。公办本科院校通常成立时间较久，具有浓厚的文化积淀、良好的校风校纪，整体发展前景比较稳定，学费较民办高校低一些，师资力量雄厚，专业基础良好，是大多数高考考生的升学选择。

二、高等教育类型

高等教育是在完成中等教育的基础上进行的专业教育，是培养高级专门人才的教育活动。高等教育学历有三种：普通高等教育、成人高等教育、非学历的针对高等教育的培训教育。

1. 普通高等教育

普通高等教育主要指各种全日制普通高等教育，是高等学校在学习时间上的一种分类。例如，全日制普通博士学位研究生、全日制普通硕士学位研究生、全日制普通本科、全日制普通专科（高职）。这种细分是高等教育研究的基础之一，因为不同分支领域的高等教育所具有的特征和发展模式不同，相应的评价视角、方法和指标的选择也就具有一定的差别。高等教育不同于九年义务教育和相对普及的高中教育，全日制普通高等教育可分为公办大学和民办大学，其中，公办大学就是指公立大学。公立大学是国家牵头组建的大学，国家提供主要的资金建设，管理体制接近国家事业单位，学校管理策略稳定。民办大学则主要是指由社会团体、企事业单位和个人出资兴建，或者说由学校通过各种途径自筹资金办学，在经费、学费和其他一些相关的管理上也都是按照民办大学的方式进行管理。国家鼓励社会力量举办民办高等教育，它已经成为公立大学教育的有益补充，但国家对民办教育也有着严格的审查，实行办学许可证制度。

2. 各类成人教育

成人教育是针对全日制普通高等教育提出的，成人教育对学生的年龄、性别没有特殊的要求，上课时间和形式也灵活多样。成人教育主要是给社会中超过受教年龄的成年人再次学习、增长知识、丰富技能和提高专业资格的机会，能让他们完善自己，并有机会根据自己的能力和偏好进行职业和岗位的重新选择。同时，成人教育也满足了人类全面发展和社会经济、文化进步的需求。

成人教育与全日制普通高等教育的差异主要体现在年龄无限制，上课时间灵活、形式多样，专科、高中起点都可。主要有成人高考

（学习形式有函授，夜大）、高等教育自学考试（自考）、广播电视大学（电大现代远程开放教育）和远程教育（网络教育）四种形式。

其中，成人高考属国民教育系列，列入全国成人高校招生计划，国家承认学历，参加全国统一招生考试，各省、自治区、直辖市统一组织录取，以招收本地户籍生为主，当然外地学生也可以进行函授，但不是主流，需要 2~6 年完成学业。考试分专科起点升本科（专升本）、高中起点升本科（高起本）和高职（高专）三个层次，这是我国较早的和广泛的成人教育方式；自考、电大和网络教育在招生上没有明显的地域限制。高等教育自学考试是 1981 年经国务院批准创立的，对自学者进行的以学历考试为主的高等教育国家考试，是个人自学、社会助学和国家考试相结合的一种新的教育形式。自学考试则以自学为主，也可以参加由其他社会培训力量或主考学校举办的自考助学班，且不受学期、学年制度的限制。广播电视大学入学门槛比较低，无须任何考试，只需凭借符合要求的学历进行注册即可，教育模式有网络课堂和面授两种，学习时间最短为 2 年，最长保留学籍 8 年。网络教育则是近几年随着科技网络的发达新兴的一种高等成人教育模式。它采取的是招生单位自主命题而非统考的方式进行学员招收，教学方式也主要以网络教育为主，面授为辅，将录制好的课件挂到网上以供学员自主学习和浏览，并制定各种形式的流程来完成作业，与学生进行沟通。不少希望进入自己心仪的名校进行学习的外地学生，可以通过报考网络学院，接受远程授课以完成学业，学习年限根据起点不同而有所差别。此外，自考由于其取得学位的难度最大，社会认可度比较高，可得到包括美国、英国、日本等 26 个国家的承认；电大文凭也得到英、美、日、澳等众多国家的承认。网络教育文凭的社会认可程度则因毕业院校和所选单位的不同而有所不同。

除成人高考以外，报考其他三种不需参加全国统一入学考试。在录取、课程设置、毕业年限、收费标准、学位授予、上课方式等各方面四种形式区别较大，且灵活自由。

3. 各类高等教育培训班

除了以上两种高等教育形式，近几年随着人们对高等教育需求的增长和各类考试的规模化、专业化，社会上还逐渐涌现出一种以辅助和提高高等教育考试和应试成果的培训班，成为高等教育的重要补充力量。培训班原指以提高学员某种知识、技能或改善某种心态、形成某种习惯为目的而举办的培训活动。针对高等教育的培训活动，有考研培训班、高考冲刺班等。这些学习班通常发挥短期的培训和巩固作用，以便学生在未来的正规考试中获得更好的成绩。不过，无论是哪类教学形式，高等教育的效率问题一直是各类教育研究的核心问题之一。

三、高等教育投资主体

高等教育投资主体是指为高等教育提供资金来源，对资金使用具有决策权，并享受收益和承担风险的个人、组织、企事业单位或政府。

1. 中央政府和地方政府投资

在众多投资主体中，中央和地方政府发挥着重要作用。无论是发达国家还是发展中国家，各级政府的投资都是高等教育投资的主要来源，特别是公立大学，政府投资一般会超过高等教育年度总资金的50%，政府也会对私立大学进行适当的投入。例如，日本国立、公立大学总收入中有 80% 以上来源于中央和地方政府，私立大学也有 20% 的收入来源于政府拨款；美国私立大学的经费来源于政府的虽然相对较少，但也有 15% 之多，而公立学校政府投资比例一般会超过 50%。从世界范围来看，政府一直是高等教育投资的主体之一，并在其中发挥非常重要的作用。这与教育的公共属性分不开，因为受教育的人越多，国民经济的发展和社会进步越会从中受益，特别是一些社会问题和人际关系的改善。所以，高等教育与政府管理基本是互惠互利的关系，政府成为高等教育投入的主体具有一定的经济意义。

2. 企事业单位投资

高等教育与基础教育不同，它不属于免费的义务教育范畴，即使被公立大学录取，学生也要缴纳一定数额的学费，这基本是世界各国高等教育的共同特点。无论是人口相对较少的发达国家，还是人口众多的发展中国家，随着民众对高等教育需求的增加，仅靠政府的投入是无法独立支撑其可持续发展的。所以，各类企事业单位对高等学校的投资、捐赠，或者与高等学校的合作已成为当今高等教育发展的又一资金来源。同时，企事业单位也可以与高等学校进行科研合作和科技项目研发，达到自己的目的，提高自我的声誉，以及满足企业个性化的需求，储备企业发展所需的专业人才。但对于民办教育来说，企事业单位的投资在相当程度上会强调学校对一定利润的追求和保证。不过无论投资的动机如何，企事业单位的教育投入都有益于世界各国教育投资体系的完善，都有益于促进高等教育在更广泛的范围发挥其人才培养、科学研究、社会服务、知识传承与创新、提升国民素养和精神文明建设水平的作用。

3. 个人、团体投资

世界各国高等教育投资来源中，家庭个人投资在其中占据着越来越大的比例。对高等教育的这种积极追求，主要是源于学生个人未来的预期收益会因为高等教育经历的不同而产生巨大的差别，从目前国家发展战略的角度来看，教育大国向教育强国的转变首先就是国家民众素质的普遍提高和科技及学科领军人才的不断涌现。正因为受教育者成为高等教育最直接和最大的受益者，所以不少经济学者提倡高等教育应遵循"谁受益、谁付款"原则进行付费。同时，由于国家教育资金的限制，以及高等教育相比于基础教育对于国民经济和社会稳定性的关键作用，学生上缴的学费逐渐成了高等教育经费的重要来源之一。特别是我国高等教育扩招和民办教育兴起的这些年，学费已经成为大学建设发展中不可或缺的一部分。不过，随着金融产品的丰富和国家助学机制的完善，学费的支出形式也日益多样化，助学贷款和助贫贷款逐渐替代家庭的一次性支出成为高等教育学费的主要来源，但我国的助学贷款无论是数量上还是比例上与发达国家相比还相差甚远。值得注意的是，不少民办大学的自身收入成为本校高等教育投入的主体，其收入大部分是以学生的学费为主。不过随着改革开放政策的继续，越来越多的华侨，以及我国大陆自身的实业家投资我国的高等教育事业，这也将成为我国高等教育投资的重要来源。

四、教育经济

教育经济作为研究对象正式出现在 20 世纪 60 年代。美国舒尔茨、英国维泽、美国贝克尔等西方经济学家认为，人力资本是与物质资本相对而存在的一种资本形式，它体现在人的身上，可以被用来提供未来的收入；而教育则是人力资本形成的最重要途径，通过人力资本的形成而对经济增长产生连续作用，这成为现代西方教育经济学研究的起点。从实践上看，西方的教育发展逐渐呈现多元化趋势，个人投资和非政府投资已经占有相当的比例，西方国家对教育的经济属性达成了共识，并已形成相对成熟的发展模式。

在中国教育领域引入市场经济成分已经实践多年，但对于教育与市场的融合现在还没有统一的观点，教育经济、教育产业、教育服务等提法很多。其中，教育经济是对已经渗透市场经济成分的教育领域的统称。教育产业则与教育产业化相联系，持这种观点的学者将教育看作与工业、农业及其细分行业雷同的一种行业，认为教育可以提高劳动生产率，对经济发展具有长远推动作用，所以受教育者应承担教育成本，强调学校教育的经济收益和眼前利益。

"教育特殊产业说""教育独立产业说""教育非产业说"多是针对"教育产业化"而来的。教育特殊产业说的代表人物是王善迈（2000）、靳希斌（2003）等；"教育独立产业说"的代表人物是厉以宁（2000）、张铁明（1998）、叶之红（2000）等；"教育非产业说"的代表人物是孙喜亭（2000）。他们普遍认为教育是准公共产品，不能进行彻底的产业化。其中，"教育特殊产业说"的代表从传统的公共经济学理论的角度分析教育的经济属性，特别是教育的非排他性和非竞争性，质疑判定教育公共属性或准公共属性的依据。持该观点的人认为，教育种类繁多、形式多样；产品的属性并不是天生具有，而是由于环境变化和一些制度安排所致；教育的供求关系、消费者的个人偏好及收入水平的不同加剧了人们受教的差异化，也在相当程度上影响了教育的公平性。"教育非产业说"的学者则更为坚决，认为教育根本就不具有产业特性，也不是产业，教育的本质是教书育人；更认为教育产业化的提法很不科学，且无益于教育事业的发展；教育不是宗教神学的奴婢，不是政治的附庸，也不应是经济的雇工。

不过，依据主流经济学观点，教育产业化在理论上也是不可能的。因为教育的产业化是指各种形式的教育，其生产要素的获取、教育服务的组织和服务价格的形成，以及消费者参与的交易都是由市场供给与需求决定的。如果只有教育服务定价过程，市场发挥基础性作用，也不能称其为教育市场化，更何况教育服务定价过程古今中外都没有完全市场化。但不可否认，教育在一定程度上具备着产业的特征，特别是在市场需求、产业资本、产业产品、产品质量、成本核算、社会经济效益、价值规律等方面。

教育首先是一种事业，是关系民族与国家命运的事业，但这种事业一定可以带动经济的增长与地区经济的发展，如中国广州大学城周边经济的发展与快速增长，不能不说教育有着不可或缺的作用。还有英国的剑桥和牛津都是"因大学而城"的典型代表，教育对经济的拉动显而易见，所以把"教育"与"经济"两个词融合在一起无关各种学说。

五、效率

"效率"一词在不同的领域有不同的解释。《辞海》中定义为"消耗的劳动量与所获得的劳动效果的比率"，说明活劳动的消耗与所获得劳动成果的比较。管理学家西蒙在《管理行为》中则引用了《社会科学百科全书》的定义，"效率指投入与产出之比、费用与效果之比、开支与收入之比、代价与收益之比"①。"效率"是西方经济学里的一个基本概念，通常用投入与产出间的比率来反映资源配置情况和经济效益。此概念最初由新古典经济学家帕累托提出，他认为资源具有稀缺性，由于社会中资源短缺，所以导致资源配置不均衡，以及资源配置的效率问题。为此，通过有效配置消耗的资源，可以提高产出效率来获得更高的社会利益。马克思认为效率就是指用最少的付出获得最大产出的一种比率关系，他重在指出社会物力的充分使用和成本的再造。我国著名经济学家樊纲认为效率在经济层面的最终目标是提供社会效用和经济效用，即反映利用特定的社会资源进行社会生产活动所得到的，或提供的效应多少而导致的满足感的差异。

20世纪80年代以来，由于教育领域的投入和产出极难量化，限制了教育效率的研究，但是随着经济学研究的进步和技术的创新，关于教育效率出现了许多不同的说法。厉以宁（1984）就首次提出"智力投资经济效果"的概念，明确指出经济效果的范围，即智力投资这一经济活动的劳动消耗与所得成果之比，不涉及由此带来的经济社会成果。② 邱渊（1984）则用"教育经济效力"来描述教育与经济的关系，认为教育工作经济效力体现在教育结构的组合效力和教育机构的工作效率，通过教育工作培育出来的教育成果具有经济效用，暗含教育成果具有派生的作用。③ 袁连生、袁强（1991）通过"教育投资内

---

① 李福华. 高等学校资源利用效率研究［M］. 北京：北京师范大学出版社，2020：9.

② 厉以宁. 教育经济学［M］. 北京：北京出版社，1984：11.

③ 邱渊. 试论计量教育之经济效益的一些原则［J］. 教育发展研究，1984（2）：125–140.

部效率"来研究教育领域的效率水平，将教育产出一分为二，即内部产出和外部产出。前者是指教育过程的直接结果，后者则指教育对社会经济的作用和贡献。相应地，教育投资内部效率是指教育过程中直接的投入与产出之比，教育的外部效果则是教育对社会经济，特别是对经济增长的贡献率的度量①。王善迈（1996）则指出，教育效率、教育投资效率、教育投资内部效益等各种教育效率的叫法，其本质是相同的，都是将教育视为生产或经济活动而出现的范畴，是社会资源分配和利用的一种，是投入教育领域的资源消耗与相应产出的比较。靳希斌（2009）认为，教育资源利用的效率是指在一定社会外部条件下，为取得同样的教育成果，所需要消耗和占用资源的情况。②

总体来说，经济学的效率分为两种。一是社会资源的有效利用程度。在一定条件下，当一切可利用的资源都被恰当地用于相关领域而没有被闲置或浪费时，可称之为实现了较高的效率。二是在具体领域的资源的投入产出之比。前者是资源在整个社会各个领域配置的效率，俗称一般均衡；后者则是教育领域的资源投入与产出效率，是指教育领域的资源消耗和教育产出之间的比率。

按照经济学理论，资源是稀缺的，有限的资源必然要被用到效率最高的领域。因此，学校在办学过程中也要强调资源的利用效率，将资源的使用尽可能地发挥到最大效益和效能，培育经济社会发展需要的高素质人才，为国民经济增长发挥其积极的促进带动作用。虽然教育对人才培养和产出衡量存在特殊性，但基本的投入产出关系还是存在的，因此，"效率"的概念被引入教育领域毋庸置疑。相应地，教

---

① 袁连生，袁强. 教育投资内部效率探讨［J］. 教育与经济，1991（2）：3-7.

② 靳希斌. 教育经济学（第4版）［M］. 北京：人民教育出版社，2009：15.

育效率有两层含义，首先是当资源被用于教育，与其他领域相比，没有存在资源浪费或闲置；其次是教育领域内资源的投入产出之比。本书主要研究教育领域的内部效率问题，即第二层次的微观效率。

综合以上论述，本研究认为从经济学的角度出发，用"教育效率"描述高等教育投入与直接产出的关系比较适宜。这种效率主要指的是技术效率。其中，除了投入要素包括传统的资本（物力和财力）、劳动（生均占有高级职称教师数）、土地资源（宿舍面积）外，根据教育发展所产生的宏微观功能，高等教育的产出还应包括培养的学生数量（毕业生一次就业率、研究生比率）、教师科研人员取得的科研成果（承担课题、项目数量、出版专著、发表论文及引用指数、科研成果获奖、专利等）和社会服务收入（产学研合作创造的产值、横向课题的数量和经费、高校为社会提供服务的其他收入和产出）。

本研究实证过程中测度用的效率是指决策单元当前的效率与最优效率的比值，其中囊括了规模效率、资源配置率和纯技术效率等。资源配置效率是在限制条件下，投入产出要素的实际资源配置利用情况与当前最佳利用情况之比，其测度当前投入产出要素的资源配置是否达到最佳；纯技术效率指的是在限制投入组合的条件下，样本当前实际的技术水平与当前最佳技术水平的比值，其测度的是决策单元所能获得的最大产出；规模效率讨论的是现有技术水平的特定情况中，决策单元开展活动的投入规模能不能达到最优。

六、高等教育投入产出效率

本研究的核心是高等教育投入产出效率问题，高等教育的投入产出效率概念是从西方经济学中的"效率"借鉴而来的，而效率则是经济学家鲍勃·法雷尔（Bob Farrell）在1957年提出的技术效率（Technical Efficiency）的含义，即在条件一定的情况下，实际产出相对于最优产出的比率。因此，高等教育的投资效率就是指投资活动所取得的实际产出与这些投资下最优产出的比例关系。高校投入产出实际是跟企业活动拥有相同的生产效率定义，契合经济学范畴的生产、成本内涵。实际生产中，企业生产效率持续增加是出于追求利润最大化，而高校并不是单纯把金钱利润作为目标，所以本书提到的高等教育投入产出效率，是指在教育活动中可量化的资源投入与产出之比。在一定社会状况下，想要取得相同数量成果，需要投入的成本最少者效率最高。投入一般可以分为人力、资金和物质资源这三类。人力投入通常指在日常教学和创新科研工作中所需要的人力总和；资金投入指用于高等院校教学与科研过程中的日常支出；物力投入主要是高校固定资产和日常易损耗物品的使用。教育的产出分为直接产出与间接成果两部分，包含日常教学、科研成果、提供社会服务等。因此，高校效率除了考察培养人才的情况外，还应重视社会服务成果的实现。

七、不同类型高等学校的投资效率概况

1. 公立大学

在约定俗成的思维中，人们总是认为在高等教育领域，公办大学教学管理要比民办大学优越，但从高等教育的经济属性看，公办大学没有民办大学管理有效。这与我国的高等教育发展历史和经济现状有关。但从世界范围来看，不能简单地说政府投资的使用效率较低，或

者说公办大学的办学更正规，而是要看这笔教育投资的使用去向和学校的体制机制。

　　回顾人类高等教育发展历史，公立大学在整个过程中都占据着重要地位，其组建的历史也比较悠久，学生所占的比例也相对较大。特别是在中国，公立大学是高等教育的主流，其管理体制和模式相对成熟，文化底蕴较为浓厚，具有较好的学风，学校策略也相对稳定，在学校教学、产学研和基础设施建设等资金运用方面基本能够满足人们对高等教育的需求。不过，公立大学的资金来源主要是财政拨款、社会捐助、学费，及其他相关团体的投资，学校投资者与管理者分离，所以存在一种委托代理关系，特别是一些省部级、国家重点大学，学校领导者基本是上级主管部门任命。那么，在学校发展和经营目标上，投资者和管理者可能就存在着一定的分歧，这也是不少学者从经济学角度提出公立大学资金使用效率可以大幅改进的深层次原因。更重要的是，长期以来人们约定俗成地把高等学校当成一种"事业单位"，使高等学校应具有的独特社会功能的办学法人品质逐渐弱化，沉溺于相对僵硬的行政管理体制中，不少高等学校的"官本位""大锅饭"问题比较严重，制度上的缺陷引发成本效益上的低效也是无法忽视的。20 世纪 90 年代，我国高等教育经历了一场史无前例的扩招，更加暴露出学校管理和建设上的不足，但国家教育政策和相关主管部门对此的积极调整使得这种情况有所改观。随着我国人口结构的变化，许多公立大学也逐渐认识到高等学校未来发展的竞争性和招生的压力性，正朝着较有效率的方向进行调整。

　　2. 民办大学

　　民办大学是近些年我国高等教育规模扩张下的产物，它具有独立的法人资格，采取的是独立核算，独立招生和颁发学位证书，独立承担民事责任，其经费来源大多是由学校的举办方通过各种方式筹集得到，在经费、学费和其他一些相关问题的处理上，采取类似于企业管理的模式来经营。民办大学主体脱胎于最初的独立学院，其产生方式主要有以下几种：国办院校结合企业资本联合举办、民办大学挂靠改制和国办大学独立兴建。其日常经营和管理与所属的大学无关。一般来说，民办大学的招生计划由所在地省级人民政府按国家普通高校三类本科招生进行审批和安排。其办学水平、教育质量和办学行为要达到《中华人民共和国高等教育法》和国家有关规定，接受教育部及省级教育行政部门的监督和评估。

民办大学的体制机制不同于公立大学，其经营目标是以获取经营利润为主。按照投资理论，民办大学的投资贴现收益应不低于投资的成本。更具体地说，按照经济学的机会成本概念，此项投资的预期收益应不能低于投资者将此笔资金用于其他用途能够带来的收益。当家庭和个人对高等教育潜在或者预期的回报率越高时，社会对高等教育的需求就越高，在其他条件假定不变的情况下，社会资金对教育投资的追逐就愈发的激烈。当然，在社会文明建设不断发展和对社会责任感不断提倡的今天，不少企事业单位和个人在对教育进行投资的时候，除了对资本收益的考虑外，越来越多的部门还从自身的社会公众形象和个人声誉的角度来审视对教育的投资。同样，这类教育投资的使用也存在着一种委托代理关系，容易出现教育资源使用不足或者过度使用的问题。所以，投资者对资金流向和使用的监督管理非常必要，社会中不少投资捐赠者也尝试着自己成立专门机构，监督资金的使用。

第二节　相关理论

任何的研究都要在一定的理论框架和理论基础上展开，只有如此，才可以保证学术研究的时效性和价值性。

一、教育的经济属性及其理论

对于教育的属性和提法长久以来都存在争议，特别是在 20 世纪 90 年代，我国开始推行教育市场化改革。随着高校扩招，教育是不是产业、应不应该实行市场化的争论就异常激烈。其实，这些争论首先是判明教育的属性问题，而后才是关于产业化、市场化的讨论。

从世界范围来看，公共经济学权威阿特金森（Ant Hony B. Atkinson）和斯蒂格里茨（Josep h E. Stiglitz）认为教育是"公共供应的私人产品"[①]，而公共选择理论的权威布坎南（James M. Buchanan）认为教育是准公共产品[②]。自 20 世纪 90 年代开始我国经历了教育市场化到教育公共化以及二者的融合过程。国内学者对教育产品属性的认定也存在各异的结论。这种争议体现在两方面，一是以什么标准作为认定教育服务属性的依据；二是教育服务的属性是什么。依据公共产品的非排他性和非竞争性判断教育的属性最为常见，并认为存在知识外

---

① 安东尼·B. 阿特金森，斯蒂格里茨. 公共经济学 [M]. 蔡江南，等译. 上海：上海三联书店，1992：637.

② 詹姆斯·M. 布坎南. 公共财政 [M]. 北京：中国财政经济出版社，1991：22.

溢效应，例如，王善迈（2000）、劳凯声（2003）① 等。而叶之红（2000）等学者认为："有形或无形产品的公共性或消费的排他性，并不是产品的先天属性，而是受环境条件变化影响的表现特征。"② 教育供给不足、教学质量参差不齐和教育消费能力不均，是造成教育属性模糊的主要原因。还有一方比较激进的观点，以张铁明（1994）为代表，他主张将教育视作经济增长的重要动力③，认为教师没有义务要忍受贫困，让社会无偿占有或不对等地占有教师的劳动，教师的劳动是有价值的，是可以进行等价交换的服务，理应得到最具现实意义的价值补偿，支持教育产业化。

在教育属性界定不同的基础上，又存在对教育效率判定的相异观点。从经济学视角考察教育成效，通常有教育投资效率、教育资源利用效率、教育投资内部效益等说法，是移植经济学中对效率概念理解的引用，即将教育视为生产或经济活动而出现的范畴，指教育资源消耗与教育直接产出成果的比较。多年来，经济学对教育效率的研究已经形成一系列可以量化的指标，如毕业率、升学率、巩固率、辍学率、师生比、教室利用率、图书利用率、生均教育费用支出等。教育经济效率的衡量侧重于可量化的投入和可以测量的直接产出。

从管理学角度看，对教育效率的提升集中在一些基本问题上。例如，发端于 20 世纪 80 年代初的学校效能研究，以及相关的学校改进研究，把如何提高学生的学习成绩作为关注的核心问题。强调学校管

---

① 劳凯声. 社会转型与教育的重新定位 [J]. 教育研究，2002（2）：30.

② 叶之红. 发展教育产业的概念内涵及其政策取向 [J]. 教育发展研究，2000（2）：15-20.

③ 张铁明. 教育能跨入大市场吗——兼论教育进入大市场的主要障碍及其根源 [J]. 教育导刊，1994：21-23，30.

理中关键要素之间的关系，以寻找或发现对学生的学习成绩有积极影响的学校特征或其他因素为目标，要比单纯的教育效率研究涵盖广泛。虽然教育管理中的学校效能研究也关注投入与产出的关系，但与教育经济学的关注点有所不同。这里分为学校效能和学校效率两个概念，前者侧重学校的非金钱性输入（课堂组织、教师的专业培训、学校的教学管理等）与输出结果的比较，达到一种目的性指向；后者则是类似于经济学的教育效率，强调从教师工资、学生经费等机会成本的比较与研究衡量投入产出效率，更关注的是学校的个体行为。在学校效能研究的推动下，越来越多的国家以学校促进学生学习成绩的进步程度来衡量学校是否有效或高效。不过，随着分析的深入，管理学领域对教育效率的关注开始考虑全方位的量化、非金钱性的投入产出关系，管理学和经济学教育效率的研究趋势呈现一种趋同，但视角和研究范围仍然存在差异，不过并不影响二者在效率研究中指导思想和指标选择的相互借鉴。

（一）教育是公共品观点

学界对教育属性的判定并未统一。其中，第一派主张教育为公共产品，但在一定情况下可以转化成私人产品。典型的代表人物是劳凯声，他认为教育是纯公益性领域，不以利润最大化为前提，而是以社会进步、人类发展，完善精神文明建设和社会体制、环境为目的的人类智力的开发，是提高社会总体福利水平的前提和基础。即教育属于公共产品，这样属性的教育不可能通过纯市场机制来有效供给，政府在教育发展的过程中不可或缺。同时他也指出，教育"这种公共物品实际上还可以进一步转化为私人物品或准私人物品"①。

闵维方等也指出教育的公共产品属性，但主要是从知识外溢的角度分析。他们认为，教育可以提高受教育者的生产能力，在经济发展中教育投资相对于物质及其他投资起到重要的补充作用，使得整个国民经济呈现更高的生产效率。受教育者通过个人素养的示范作用给周围的朋友带来正面影响，促进犯罪率的下降和社会凝聚力的增强，进而大幅改善社会福利和人们的生活。教育还有利于人们提高对消费产品标准和健康指标的认识，从物质和精神两方面确保技术创新和收益的可持续性。

国外对此的研究也较为广泛和体系化，一般将教育与人力资本的积累和知识的扩散结合起来进行分析，更加强调教育的宏观作用。其中，比较典型的是美国经济学家西奥多·W. 舒尔茨（Theodore W. Schultz），他在 20 世纪 60 年代提出的人力资本理论中指出，教育可以产生"知识效应"和"非知识效应"，弥补资本和劳动要素边际收益递减的问题，进而直接或间接地促进国民经济和地区经济的发展，成为实现经济可持续增长的重要因素。舒尔茨通过对美国 1926—1957 年经济增长的分析，发现"没有解释的增长"为 60%，而提高教育程度就贡献了 30%～50% 之多。因此，若提倡将教育变成经济增长的促进力量，就要不断地扩大教育投资规模，提高教育整体水平，使教育与经济之间形成一种互为条件、彼此促进的良性循环关系。经济学家爱德华·富尔顿·丹尼森（Edward Fulton Denison）通过经验研究也得出类似的结论，1929—1982 年美国国民收入年均增长率 2.92% 中技术进步的贡献率为 35%，其中 60% 应归功于教育的发展。经济学家

---

① 劳凯声. 社会转型与教育的重新定位［J］. 教育研究，2002（2）：3-7.

保罗·罗默（Paul M. Romer）、罗伯特·卢卡斯（Robert E. Lucas, Jr.）作为内生增长理论学派的代表，将知识和技术一并看作经济增长的内生变量，提出通过教育和培训获得的特殊知识和专业化的人力资本是经济增长主要因素的观点。

（二）教育是准公共品观点

另一种观点则提出"教育从整体上是准公共产品，但不同层次和类型的教育属性有差异"的观点。例如，王善迈认为，教育有义务教育和非义务教育之分，这是判断教育属性的基础，义务教育属于纯公共产品，而非义务教育则属于准公共产品。他强调教育对社会的影响，特别是受教育者给国民经济总体带来的物质和非物质进步，但也指出从维护"公平"的角度考虑，教育具有非排他性属性。因此，"从整体上说，教育是一种具有正外部效应的准公共产品"，但"不同级别与类别的教育，其产品属性特征不尽相同，如学历教育和非学历教育，民办教育和非民办教育等。有的更接近公共产品，有的则更接近私人产品"。[①] 仅依靠市场机制自身的调节安排教育服务活动，是远远不够的。教育领域除了有家庭个人的投资与努力外，更应该有政府的干预与协调，教育经济的发展是政府与市场共同作用的结果。

厉以宁还进一步指出，在中国存在五种类型的教育，即具有纯公共产品性质的教育、基本具有公共产品性质的教育、具有准公共产品性质的教育、基本具有私人产品性质的教育、具有纯私人产品性质的教育。由于教育产品的提供方式和受教育者的消费费用负担的不同，

---

① 王善迈.关于教育产业化的讨论［J］.北京师范大学学报（人文社科版），2000（1）：15.

"教育产品既可以是公共产品，也可以是准公共产品，还可以是私人产品"①。

袁连生也提出了相同的观点，但他所根据的是教育产品的消费特征。首先他认为，教育是一种产品，这种产品是被消费的，但消费有直接效用和间接效用之分。对于接受教育后得到的知识增长、良好品行和健康价值观的形成，以及凭借获得的生产能力和创造能力为自身争取的人力资本报酬都是直接效用。相对地，间接效用则是因此而衍生的社会风气、公民道德和文明程度的提高，促进了经济的增长和社会的和谐，这也就是教育经济的外溢效用。就单个受教育者来说，由于资源的限制是可以被排除在外的，前者具有竞争性和排他性；后者则具有非竞争性和非排他性。因为社会整体素质、环境和文明程度的提高使全体成员获益，并无法将其中个体排除。这是一种依据教育直接或间接消费效用的特征来确定教育产品的属性的观点。

（三）教育的第三类观点

第三类观点强调制度和法律的规定，认为教育服务的提供方式决定了教育产品的属性，代表人物有胡鞍钢、叶之红等。胡鞍钢认为教育（包括基础教育）并非天然就是纯公共产品，它也有可能是私人产品。源于对普遍服务的考虑，政府进行了相应的宏观干预，设计了教育服务的基本制度和相关法律安排，因此使教育呈现出非竞争性和非排他性。他提出"基础教育是制度性公共物品"的观点，还强调"并非由于基础教育是公共物品而实施义务教育，而是由于实施义务教育

---

① 厉以宁. 关于教育产品的性质和对教育的经营 [J]. 教育发展研究，1999（10）：9-14.

使基础教育成为公共物品"①。

叶之红则是从传统的公共经济学角度分析教育的属性，认为教育的公共产品或者准公共产品性质的论断是不科学的。具体来说："有形或无形产品的公共性或消费的排他性，并不是产品的先天属性，而是受环境条件变化影响的表现特征。产品的供求关系和社会消费能力直接影响着产品与劳务的公共性成分。教育供给不足、教育质量不齐和教育消费能力不均，必然会造成公民受教育程度与质量的差异，现实状况无疑使教育的公共性概念大打折扣。"②

张斌贤和康绍芳还就教育划归第三产业进行了分析和说明，指出这样的产业划分完全是为了满足国民经济统计的需要，并没有多大的合理性。他们认为，对于以培养人才为主的教育行为采取严格的界定，清晰地区分教育与其他相关活动的区别是不科学的。教育是社会发展的重要内容之一，而非经济的一个分支，没有教育就没有社会。教育的"育人"作用才是其本质属性，这与普通的公益性活动不同，是制定教育政策、教育规划、发展策略的前提和基础。

总体来说，对教育属性的理解折射出经济学界对教育本质更为深入的分析和研究水平的进步。教育的属性不可能再简单和片面地归于经济、政治等外界因素，应将其还原于社会之中，立足于家庭对教育的基本需求，探索教育与国民经济之间的关系，辨别其不同于纯粹的政府行为和市场活动的特征。虽然教育自身能够直接地"产出"，能够带动国民经济发展，以及通过提高个人素质完善精神文明建设，但

---

① 胡鞍钢，熊义志. 大国兴衰与人力资本变迁［J］. 教育研究，2003（4）：15-61.

② 叶之红. 发展教育产业的概念内涵及其政策取向［J］. 教育发展研究，2000（2）：15-20.

它无法使该种行为形成市场价格。

二、高等教育投资理论

高等教育培养的是能够为经济增长贡献力量的人力资本，作为一种特殊的生产要素，劳动者在发挥生产功能的同时，还通过自己的劳动换取一定的收入，进而满足自身的生存和消费需求。高等教育对人力资本的投资往往发挥着双刃剑的作用，投资的目的是在未来获得一定的预期收益，这一点与投资理论的普遍含义是相同的。

回顾西方投资理论的发展，人们对投资的关注源于其与实物资本的相互转化关系，但最初时期并未形成相对完整的投资理论，只是突出了储蓄的合理使用能够增加实物资本的积累。随后新古典经济学，特别是其中的"边际主义革命"将边际原则和数理方法引入投资分析，为评价投资效益、推荐投资选择、制定投资决策创建了精细的模式，基于边际原则的成本——收益分析和机会成本分析，深化了古典学派的投资思想。边际主义方法论上的革命开始将投资转化为实证的研究对象。

从微观研究方法上完善了投资思想。现代投资理论是在约翰·梅纳德·凯恩斯（John Maynard Keynes）《就业、利息和货币通论》（*The General Theory of Employment, Interest and Money*）一书中得到真正完善的，凯恩斯在书中首次提出了资本边际效率（Marginal Efficiency of Capital, MEC）一词，MEC 取决于预期的未来收益 R 和购置投资资产的成本 C。由于资本边际效率 I＝（收益 R－成本 C）/成本 C＝净收益/成本，凯恩斯认为资本边际效率应等于贴现率，这个贴现率就是资产未来收益折成现值的依据，折算后的现值应等于该资产的供给价格。一般来说，资本的边际效率会以同期的银行利率为参照物，资本的边际效率高于利率是企业进行投资决策的前提。对任一项目而言，如果资本边际效率大于储蓄率，企业将会进行投资。相反，如果国家商业银行的利率越高，企业可投资的项目就会越少。

凯恩斯的追随者摒弃了早期凯恩斯主义"实物的宏观投资"为主的研究倾向，开始重视投资理论的微观基础，结合新古典经济学研究方法，提出"利率决定投资水平"的传统观点，认为产出（或利润）才是决定投资水平的关键因素。他们发展出了多样化的动态投资模式、技术经济理论及其发展、间接投资的投资决策问题，形成了包括微观和宏观两方面的"西方投资理论体系"。例如，戴尔·乔根森（Dale W. Jorgenson，1933）突破几十年来凯恩斯主义者对投资理论的研究框架，发展了新古典投资理论，这一理论涉及边际分析方法、市场完全竞争、生产要素相互替代可能等。投资理论的应用也不仅仅是对资本的考察，开始逐渐渗透到其他要素配置领域。

20世纪60年代后随着金融产业的发展，以华尔街为首的证券投资组合理论和期权定价模型大大推动了投资理论在金融产业的发展。投资理论在以获得实物资产增加的同时，也注重资产本身的升值，反过来又促进实物投资理论的发展。一直到20世纪80年代，投资理论才在微观领域迅速发展，"行为心理学""博弈论"的思想被引入投资研究领域，修正了以往"完全市场"和"理性人"的假设投资理论的研究又上到了一个新的台阶，对人力资本投资的考察也得到了关注和深化。

从趋势看，投资理论近几十年逐渐从重视实物资产转向非实物资产，对宏观经济行为的关注也从其本身逐渐转向对微观基础的探讨，投资理论的基本分析框架也由最初的凯恩斯主义转向新古典主义。其中，机会成本和边际成本收益分析是投资分析整体框架的基础和核心。特别是边际分析方法的运用，使投资从规范和定性走向实证和定量研究，而效用和边际的概念则为投资分析统一了出发点，数理分析为投资理论研究提供了科学、精致的工具。

三、人力资本投资理论

"人力资本"概念的提出，最早可以追溯到亚当·斯密时代。亚当·斯密肯定知识、教育、培训对国民财富增长的重要性，还指出"学习一种才能，须受教育，须进学校，须做学徒，所费不少。这样费去的资本，好像已经实现并且固定在学习者身上，这些才能，对于他的个人资本是财产的一部分，对于他所属的社会也是财产的一部分。工人增进的熟练程度，可与便利劳动、节约劳动的机器和工具同样看作是社会上的固定资本。学习的时候，固然要花一笔费用，但这种费用可以得到偿还赚取利润"。虽然这里还没有将人与资本联系在一起，却是今后人力资本投资及教育经济理论的思想萌芽。由于经济学发展之初对劳动力素质的要求不高，知识和技能并没有得到广泛的重视，这符合也反映了历史的发展趋势和现实。随后人们对人力资本及其作用的理解呈现一个不断深化的过程。正式将人力资本概念纳入资本领域的是美国经济学院的 J. R. 沃尔什（Walsh），他于 1935 年在《人力资本观》一文中提出这一观点。紧接的二三十年，人力资本研究逐渐形成体系，成为经济学中新兴的重要领域之一，并对教育经济研究产生了巨大的影响。人力资本理论的代表人物有美国著名经济学家、诺贝尔经济学奖得主西奥多·舒尔茨（Theodore W. Schultz）、爱德华·富尔顿·丹尼森（Edward Fulton denison）和加里·斯坦利·贝克尔（Gary Stanley Becker）等，他们强调人力资本作为生产要素对经济增长所起到的促进作用。

西方的人力资本理论认为，教育作为劳动力再生产的一种方式，既是一种明显的消费，又是潜在的隐含巨大价值的生产和投资。办教育要耗费人力、物力和财力，但同时也换取了生产力中劳动者的智力和科学知识。这样，教育消费的结果可以间接转化为生产过程的一个要素，使教育具有社会经济意义。

不过从经济发展历程来看，当越来越多发达国家的经济发展经验应用于经济起飞后的发展中国家时，这些政策却没有取得明显的效果。究其原因，主要是因为欧美等发达国家已经形成了成熟的人力资本制度，并拥有足够的高素质人才供给。

发展中国家在越过初期依靠资源优势和人口红利等有利条件后，缺乏对有限物质资源充分利用的人力和科技能力。人力资本是经济增长速度放慢后最重要的促进要素，更是物质资本的必要补充。所以，虽然学界对于人力资本的理解仍有歧义，但由于它可以解释经济学领域关于经济增长和生产要素理论无法解释的偏差而被广泛地接受，同时也加强了人们对教育，特别是高等教育和培训的需求与供给、职业选择和工资理论方面的关注。具体引申出教育的收益法研究、国民收入增长和教育关系研究、生产函数改进研究和人力资本测量与需求预测的研究。值得强调的是，人力资本理论的发展对后来的高等教育发展产生了深远的影响。

人力资本理论突出了教育与经济发展之间的关系，更使人们认识到教育不仅仅是一种投资消费，更是能在未来带来巨大收益的生产性或投资性的行为，极大地影响了世界各国的教育改革。"二战"后的二三十年间，各国纷纷加大教育领域的投资，发挥政府在该领域积极的导向作用，并在教育的各个层次和领域取得了前所未有的成就。根据联合国教科文组织的统计，1960—1982 年，世界初等教育入学人数增长 70%；中等教育入学人数增长 185%；高等教育发展惊人地增长了 276%。尤其是发展中国家的增长更是叹为观止，亚洲增长了319%，非洲增长了 775%、拉丁美洲和加勒比地区增长了 948%。① 人力资本理论助推了政府在教育变革中的干预，也加强了政府和市场在教育发展中的融通和配合，更掀起了国际相关机构对世界教育发展的重视和支援力度，不过这段时期世界各国对教育领域的投资重点放在初等和基础教育上，以普及义务教育为主。

教育活动是一项极其复杂的系统工程，与普通的市场行为不同，高等教育投资的对象是"人"，形成的是人力资本。因此，高等教育和其他层次的教育又一起被称为人力资本投资。但人力资本投资又有自己独特的特点，即人是人力资本的天然载体，一切体能和智慧等依附于人而存在，人力资本不能与其拥有者相分离，人力资本的所有权限于体现它的人。即使在奴隶社会中，人力资本属于个人的命题仍然能够成立。

产权理论认为，"产权是经济主体对财产的权利所有，更严格地说是一组权利束（property‐rights），即经济行为主体在划分、占有、

①　袁振国. 对峙与融合 ［M］. 济南：山东教育出版社，1995：12‐13.

支配和使用特定财产时所形成的经济权能及利益关系"[1]。具体分为三个层次：第一，产权是排他地使用资产并获取收益的权利；第二，产权就是剩余索取权，谁获取剩余，谁就拥有资产；第三，产权是剩余控制权形式的资产作用权力。[2] 人力资本与物质资本不同，物质资本的所有权，既可属于个人，也可属于家庭、社区或国家，但人的知识、技能、健康等并不能与其载体分割，因而其所有权也只能属于其载体——劳动者个人。因此，人力资本投资可能来自家庭、国家、企事业单位，但承载着这份投资的只有个体"人"，人力资本不能让渡其所有权，只可能部分让渡使用权。这在某种程度上说明了家庭投资在高等教育投资中占比逐渐增多的原因。

同时，人力资本必须是经过长期性投资形成的，体现在劳动者个人或者团队身上的由智力、知识、技能和健康状况构成的资本。具体表现为：①人力资本是一种长期性投资或投资标的物资本，它是一种能带来经济收入的生产能力；②人力资本体现在劳动者个人或者团体身上，由劳动过程中所表现出来的智力、知识、技能和身体指标等所构成；③人力资本可以从个体与群体定义，前者是存在于劳动者个体中，所获得的具有经济价值的智力、知识、技能和健康状况等因素之和；后者是存在于一个国家或一个地区人口群体中的所获得的具有经济价值的智力、知识、技能和健康状况等因素之整合。这在某种程度上证明了国家对高等教育进行投资的合理性，因为受过高等教育的人才进入社会，在自己获得劳动报酬的同时，能够给周边社会带来正面的影响，对于良好社会氛围的建设具有积极的作用。但这种作用又难

① 李宝元. 人力资本与经济发展 [M]. 北京：北京师范大学出版社，2000：151.
② 费方域. 企业的产权分析 [M]. 上海：上海三联书店，1998：7.

以界定，没有界定的权力是把一部分有价值的资源留在了"公共领域"，如果它们处于公共领域，攫取它们就要花费资源。公共产品的利益分配则取决于各方的影响力，取决于权利受到怎样的保障。人力资本投资带来的最大收益还是受教育者个人的获得。

所以，人力资本的培训或投资与物质资本一样，基本上也体现了谁投资谁受益的原则。简言之，如果一个娱乐公司包装了一个艺人，艺人获得的人才租金将依照合同与娱乐公司分成。企业对一个工人提供培训服务，通常要通过一个固定的服务期才能收回培训成本，如果在服务期内，工人辞职，企业将追回部分培训费用。加里·斯坦利·贝克尔（Gary Stanley Becker）曾经做过详细的分析，贝克尔将人力资本投资模型定义为如下公式：

$$MP_0 + \sum_{i=1}^{n-1} \frac{MP_t - W_t}{(1+i)^t} = W_0 + k$$

令　　$$G = \sum_{i=1}^{n-1} \frac{MP_t - W_t}{(1+i)^t}$$

其中，MP_0表示人力资本当期产生的边际生产力，MP_t表示人力资本期产生的边际生产力，G代表人力资本投资后未来 t 年收益之和现值，W_0表示人力资本当期工资，k 代表名义上的培训费用。

按照劳动力市场价格，劳动力提供了MP_0的生产力，将获得W_0工资报酬率。如果对劳动力 k 进行投资，则 G 值归投资者所有，如果 k 是企业投资的，则 G 归企业所有，如果是劳动者个人投资的，则归劳动者所有。

此外，值得注意的是干中学积累的人力资本的性质。干中学指劳动力在生产和服务中积累经验和获得知识，从而提高了劳动生产效率和质量。毋庸置疑，干中学可以增加人力资本价值。例如，在飞机制造的过程中存在这样一个成本递减规律，即在一种新飞机投产之后，在外界条件和技术水平没有发生变化的前提下，再建造一个飞机所需要的额外劳动量与已经生产的该飞机数量的立方根成反比，也就是说，飞机制造的边际劳动成本是逐渐下降的。有经验表明，一种特定型号飞机的累积产量每增加一倍，它的单位劳动成本就下降。这从很大程度上说明干中学的技术累计作用，而且干中学所获得的经验和技术归属于劳动力自己，这也就是企业会根据劳动力的工作年限和从业时间长短计算工资的原因。

国内不少学者也依据人力资本理论提出了中国教育改革和发展的建议。张俊、陶美重（2000）从人力资本理论出发，对我国高等教育发展规模问题进行思考，提出我国高等教育应坚持"适度大力发展"①。雷鸣、葛玉辉、刘德华（2000）认为我国经济的飞速发展，人力资本中的教育投资增多，教育投资同其他投资一样，必须考虑其成本和收益问题，他们对人力资本形成的教育投资收益从理论上进行了分析。② 伍叶琴（2006）则对高校人力资源开发提出创新策略：转变观念，建立高校人力资源管理的新思路；构建高校正确的人力资源开发目标体系；根据高校自身特点，构造人力资源开发和管理模式。③

---

① 张俊，陶美重. 人力资本理论与我国高等教育发展规模浅析［J］. 教育与经济，2000（6）：8.
② 雷鸣，葛玉辉，刘德华. 人才资本形成中教育投资的成本收益分析［J］. 商业研究，2002（21）：16-18.
③ 伍叶琴. 高校人力资源开发创新策略［J］. 高教探索，2006（2）：73-75.

四、公共政策理论

(一)公共政策的含义、功能和工具

1. 含义

政策是由政府或其他权威人士所制定的计划和规划，是一系列活动组成的过程，具有明确的目的、目标或方向，不是自发或盲目性的行为，是对社会所做的权威性价值分配。政策和公共政策的区别就在于"公共"二字。广义地说，凡是解决社会公共问题的政策都可以被看成公共政策。到目前为止，对公共政策还没有一个学术界公认的统一的定义，中外学者各自从不同的角度做出了一些不同的界定，有代表性的如下。

行政学鼻祖，美国学者伍德罗·威尔逊（Woodrew Wilson）认为，公共政策是政治家（具有立法权者）制定的并由行政人员执行的法律和法规；美国政治学家哈罗德·D. 拉斯韦尔（Harold D. Lasswell）提出，公共政策是"一种含有目标、价值和策略的大型计划"；美籍加拿大学者戴维·伊司顿（David Easten）从政治学的角度出发，认为公共政策"是对全社会的价值做权威性分配"；美国学者托马斯·R. 戴伊（Thomas R. Dye）认为，"凡是政府决定做的或决定不做的事情就是公共政策"；美国学者斯图亚特·内格尔（Stuarts Nagel）认为，"公共政策就是政府为解决各种各样的问题所做出的决定"；而美国学者叶海卡·德罗尔（Yehezkel Dror）在《公共政策再审查》一书中指出，政策制定作为"在指导社会行动的两个主要方案之间进行选择

的自觉性意识"。中国台湾学者伍启元则在《公共政策》一书中提出："公共政策是政府所采取对公私行动的指引；公共政策是将来取向的；公共政策是目标取向的；公共政策是与价值有密切关联而受社会价值所影响的；公共政策是由政府或由决策权者所采取或选择的；公共政策是具有拘束性而受大多数人接受的行动指引。"国内学者张金马认为，公共政策是"党和政府用以规范、引导有关机构和个人行动的准则或指南；其表达形式有法律规章、行政命令、政府首脑的书面或口头声明与指示，以及大型行动计划与策略等"。陈庆云认为："公共政策是政府依据特定时期的目标，通过对社会中各种利益进行选择与整合，在追求有效增进与公平分配社会利益的过程中所制定的行为准则。"

2. 功能

公共政策的基本功能总结和概括起来主要有四个。

行为导向功能：公共政策要产生实效，就必须通过群众的行动来完成。因此，任何公共政策都需要通过政策的目标、原则、方针和措施，来直接或间接地影响人们的思想观念和行为方式，并使之朝着政策指引的方向发展，这就是政策的行为导向功能。

事务调控功能：公共政策所要解决的公共问题（矛盾）是存在于一定的事务之中的，并随着事务的发展而发展。政府要解决公共问题，就必须运用政策手段对事务的发展进行调节和控制，使事态的发展朝着有利于问题解决的方向发展，这就是政策的事务调控功能。

利益分配功能：公共政策所要解决的任何公共问题归根结底都是利益矛盾问题。因此政府的每一项政策都必然会涉及利益的分配。政府在解决公共问题的过程中，最重要的一个环节就是要运用政策手段和措施对冲突的利益关系进行调整，从而使得利益分配符合公共利益，这就是政策的利益分配功能。

矛盾化解功能：公共政策的最终目标归结起来就是解决公共问题，化解矛盾。政府在解决公共问题的过程中，必须运用一切可能的方法和手段，将公共问题所包含的矛盾化重为轻、化大为小和化险为夷，这就是政策的矛盾化解功能。

3. 工具

政策工具是人们为解决某一社会问题或达成一定的政策目标而采用的具体手段和方式。它是政府治理的手段和途径，是政策目标与结果之间的桥梁。社会问题的解决存在多种途径，所以，如果其他途径能够更好地解决，政府可以选择"不干预"，此时，运用"其他途径"而不是"政府途径"就成为政府的一种政策工具。通常，社会问题的解决需要多种途径，即多种政策工具相配合。按照各种工具强制性（或者自愿性）的程度（也就是"干预"的程度）来进行分类，政策工具可以包含如下几个大的类别，如表2-1所示。

表2-1 政策工具分类

政府干预程度	自愿性工具	市场
		自愿组织
		家庭和社区
	混合性工具	提供信息或劝告
		补贴
		拍卖产权
	强制性工具	税收或收费
		规制（管制）
		公营企业
		直接提供产品或服务

自愿性工具的特点是不使用或者较少使用国家干预。政府选择这种政策工具是希望社会上的各种主体按照自己的意愿选择来解决问题。强制性工具的特点是直接迫使目标对象的行为发生改变。在使用强制性工具时，目标对象除了遵从政府的要求外，很少具有自主选择的余地。混合性工具的特点是从自愿性和强制性程度来说，处于中间地带。

（二）政策系统的基本要素

所谓政策系统，就是指公共政策运行的平台体系，是政策开展和实施的基础。根据公共政策基本理论，"政策制定过程所包含的一整套相互联系的因素包括公共机构、政策制度、政府官僚机构以及社会总体的法律和价值观"。具体来说，政策系统包括政策主体、政策客体和政策运行环境三大方面，这三者在政策系统中相互作用、互相影响，最终形成政策执行的一个结果。结果是否达到预期，与政策系统内三大因素因政策产生的联系是否顺畅有关，更与政策制定者对三者关系的理解和掌握程度有关。

政策主体。政策主体是公共政策制定和执行中不可或缺的部分，政策主体根据掌握的情况直接或间接地参与政策的草拟、实施、评估和监督。它可以是组织团体，也可以是个人，但总体来说政策主体分为官方和非官方两大类。官方的政策制定者指那些具有合法权威去制定公共政策的人们，包括立法者、行政官员、行政管理人员和司法人员；非官方的政策制定者指政治体制外的、不直接行使公共权力的政策过程的参与者，主要包括利益团体、政党和作为个人的公民等。官方的政策活动者是指政治体制内的、行使公共权力的政策过程的参与者，一般包括立法机关、行政机构。非官方的政策活动者是指政治体制外的、不直接行使公共权力的政策过程的参与者，主要包括利益团体、公民（选民）、大众传媒以及民间思想库等。

政策客体。顾名思义，是指政策的指向物，即政策发挥作用的对象，它既可以是事情，也可以是人。如果是事情主要是指政策想要处理的"问题"，可以是社会问题、公共问题，以及政策本身的问题。如果是"人"，则是指政策想要改变的社会关系和利益链条，而"人"主要是指社会成员，以及受到制度和法律约束的社会团体。不过，无论是哪种作用对象，政策最本质的目的都是通过一定的控制手段达到调整人际关系和解决社会发展瓶颈的目的。

严格说，社会问题、公共问题或政策问题这三个概念是有区别的。社会问题是外延最广的概念，社会问题的一部分涉及社会上相当一部分人或影响较大时，那么，这部分问题就是公共问题；政府所面临的公共问题很多，只有少数能被政府摆上议事日程，并加以处理，这些被处理的问题就是政策问题，为了叙述方便，我们将这三个概念混用。而从"人"的角度看，政策的作用对象主要区别在单个人和群体之间。不过，从政策作用的范围来看，无论是以"问题"为导向的政策，还是以"人"为导向的政策都有一个作用范围，因此政策也就有大小之分，例如全国通用性政策和省市政策。对于不同的问题和群体，政策的作用范围总是存在差异，进而产生政策之间的衡量和比较。其中，党和国家的总体政策和基本国策作用的范围最为广阔，涵盖一国的所有领土和社会成员，而地方政策或者个别政策具有针对性，仅涉及社会的某一阶层、某一行业或者某一地区，因此发挥作用的空间相对狭窄。

五、社会学、教育学和教育公平

(一) 社会学和教育学

不少学者从社会学和教育学的角度论述过教育效率，例如，哈佛大学教育系主任保罗·汉纳斯（Paul Hanus）在其出版的《学校效率：关于纽约市的建议性研究》一书中就提出，从社会效率的角度来审视教育进步问题，指出各级各类学校应把"美国人民要他们的学校做什么"作为判断教育目标和教育实践的标准[①]，强调教育活动的目的性。20世纪60年代彼得·布劳（Peter Michael Blau）和邓肯·布莱克（Duncan Black）在研究社会地位获得的初始模型中，指出教育对人们社会地位的获得也发挥着极其重要的支持作用。西方教育反对根据父母的社会地位来确定个人的社会地位，重视通过教育选拔人才，以促进人们在各个阶层的流动。社会学里面也提出学生个性化的发展程度越高，也就说明教育效率越高。如果一个教育体系遏制了学生个性的发展，也就抹杀了个人在某些方面的优势，那么它的效率就是低下的。

对于高等教育来说，其培养人才的社会目的性，对文化的传承和扬弃，以及社会基础理论和先进思想的创造，对社会阶层流动的促进，对学生个性化培养和特长发挥都起着非常重要的作用。但引申出来，在社会学里，教育效率不再是一个中性的判断，更多的是带有人类自身的价值判定色彩。目前从经济学角度研究教育效率，更多的仍是关

---

① 陈如平. 效率与民主——美国现代教育管理思想研究［M］. 北京：教育科学出版社，2004：132.

注其对经济和生产力的贡献，这不仅源于经济学研究的特点，更在于数据的搜集和分析方法的选择。个人自身色彩的界定在经济学中还是个充满挑战的领域，但随着方法和工具的进步，对于教育在社会功能方面的作用考察将是未来研究的一个新的方向。

"效率"一词进入教育学领域始于 19 世纪中叶，赫伯特·斯宾塞（Herbert Spencer）提出的教育学说实际上是以杰里米·边沁（Jeremy Bentham）、约翰·穆勒（John Stuart Mill）为代表的功利主义在教育上的具体运用，教育学是建立在以实验实证为方法论这一基础上的一门科学。但教育学对"效率"的接受始终采取一种批判的继承态度。与经济学中的效率不同，教育学中的效率包括人的精神领域范畴。如对人的理解在教育学领域因思想而区别开个体，在经济学里却被工业化、技术化和程序化了。教育学中的效率更多的是"教学效率"，它是指有效教学时间与实际教学时间之比，比值越大课堂教学效率就越高，反之亦然。

相比于社会学，教育学对于高等教育的效率考察要更为接近经济学，但是，由于教育学中充斥着的精神领域研究增加了本研究在教育效率评价方面进行融合研究的难度，所以本研究中的教育效率评价一方面会考虑到高等教育的教育效率，例如，毕业学生数量、发表的论文和获得的专利数量，另一方面从经济的外部性角度探讨高等教育投资及其效率，测度教育对于社会总体进步和素质提高的贡献。但目前经济学对此的研究还处于起步阶段，在研究方法和指标选择上还须进一步完善。

（二）教育公平与效率

公平与效率是一对既矛盾又相互关联的词汇。关于教育效率的提出，在已有研究中仍存在较大争论，有的甚至认为教育并不能有"效率"一说，因为这是涉及市场化和商品化的过程，这与教育的公益性相矛盾。虽然教育产业化从技术层面上考虑似乎是没有任何障碍的，但是教育的生产方式仍是一种比较特殊的行为，其对人才培养的过程严格说来不能称为"生产"。教育的对象是"人"，培养出来的是"人力资本"，或者说是生产要素，它是比生产要素市场更为复杂的经济社会活动，与劳动力市场供求有着本质的区别。也就是说，高等教育虽然不是人力资本的直接供给者，劳动力市场的买卖和交换也不发生在学校，但高等学校是人力资本生成的主要场所。不少学者因此认为教育不具有也不可能具有市场化的基本条件，不能简单地将经济领域的市场资源配置方式直接移植到教育领域中。更为重要的是，教育在一国发展中发挥着关系国计民生的重要作用，不容忽视和冒险。即使技术上能够产业化，也要看教育的经济属性，因为能够产业化并不等于产业化一定是可取的。市场机制有效配置资源是有其前提和条件的，教育领域是否具有，还有待商榷。

国际上，有关教育的宣言、公约或者章程中，均强调政府的职责和功能，不主张依靠市场机制调节教育发展。1948年的联合国《世界人权宣言》中就指出，"人人都有受教育的权利，教育应当免费，至少在初级和基本阶段应如此，技术和职业教育应普遍设立，高等教育应根据成绩对一切人平等开放"。1966年的联合国《关于经济、社会和文化权利的国际公约》的第13条规定：①初等教育应属义务性质并一律免费；②各种形式的中等教育，包括中等技术和职业教育，应以一切适当方法，普遍设立，并对一切人开放，特别要逐渐做到免费；③高等教育应根据成绩，以一切适当方法，对一切人平等开放，特别要逐渐做到免费；④对那些未受到或未完成初等教育的人的基础教育，应尽可能加以鼓励或推进；⑤各级学校的制度，应积极加以发展，适当的奖学金制度，应予设置，教员的物质条件，应不断加以改善。此外，正值中国高等教育实施规模化、产业化如火如荼之际，联合国教科文卫组织于1998年召开首次世界高等教育大会，提出"应当澄清这一方面的模糊与混淆，市场规律和竞争法则不适用于教育，包括高等教育""减少国家在经济领域的作用是当前世界趋势，但是这一趋势不能自然而然地扩展到教育领域"。此外，根据发达国家的发展经验，如英国、美国等最成熟的市场经济国家，教育领域的资源配置方式也主要是以政府投资为主，社会和个人投资为辅，不过这些国家的教育发展机制更为灵活和多元化。

在教育领域，市场机制到底扮演着怎样的角色、发挥何等作用主要取决于该国家和地区的国民经济发展水平和其对教育制度的基本价值判断。中国的高等教育在20世纪90年代开始的以弥补财政经费不足、扩大社会高等教育供给为初衷的产业化、规模化发展，是获得一定的认可和支持的。但由于教育领域的体制和机制改革处于刚刚起步状态，在缺乏有效的法制和政府规制前提下，产生了巨大的社会问题。2004年，根据国家发展和改革委员会的统计，教育乱收费被列入各类投诉榜首，占全部收费的三分之一以上。教育乱收费、高收费，以及诱发的社会大量寻租行为，使学校成为民众反映最为强烈、反感最为严重的地方。唯利是图行为泛滥，使得教育的发展完全偏离了国家进步和民生改善的本质，为社会埋下了很多不稳定的因素。后来，教育部官方公开否定了"教育产业化"一说，但教育的公平与效率之争从未停止过。

对于"教育产业化"的不良影响及其背后的原因分析存在三种观点。第一，认为"教育产业化"之所以出现诸多问题的根本在于教育领域市场化的程度不够彻底，但这种观点得到越来越多的批判。第二，认为教育在行政化与市场化双重改革下，出现了发展混乱、畸形和无序的问题，这种观点有一定道理，但没有解释说清背后的原因和未来的发展方向。第三，肯定市场在扩充教育渠道方面的作用，也承认"产业化"给教育领域带来的诸多问题，认为市场作用的发挥关键在于政府制度框架的设计，也即市场本身没问题，有问题的是如何让市场发挥更有利于社会大众福利提高的作用。劳凯声（2005）就认为，教育领域引入市场化，其效果取决于教育领域涉及的市场制度的成熟和健全程度，取决于多元化办学的动机和目的，取决于办学的监督机制和政府的规制。①

教育的市场化大讨论，使得研究教育的各个学科都有了长足的发展。对于教育属性的认识，从意识形态领域深入到经济属性，从政治学角度渗透到法学和社会学，并使得学者对教育属性的判定摆脱了"政治"依附，不再将其视作政府活动或者其他社会活动的工具和媒介；也摆脱了将教育简化成意识形态的一种认识，丰富了教育对经济、社会贡献的内涵，从根本上区分了教育、教育组织与其他政治团体、经济活动的不同。

此外，不难发现，关于教育的公平效率的评价极为苛刻，从一个侧面反映出教育形式的多样化趋势。但本质上在于市场因素在教育不同领域的渗透程度，对于教育效率和公平的掌握也要根据具体领域的

---

① 劳凯声.教育市场的可能性及其限度［J］.北京师范大学学报（社会科学版），2005（1）：16-18.

不同属性有所差异，也就是说，教育对于效率的判断也得分类，因领域的不同而不同。

六、教育投资与经济发展阶段分析

（一）经济发展的阶段性

从发展经济学的角度看，一个国家的经济先后会经过"贫困陷阱""起飞阶段""中等收入陷阱"和"高收入阶段"。发展中国家突破人均国民生产总值不足 1000 美元的贫困阶段，然后凭借着生产要素以及空间地缘方面的优势成功越过"起飞阶段"。此时对于劳动力的教育水平没有太高的要求，需要的主要是具有技能技巧、埋头苦干、忠实执行主管指示的人。而高等教育的发展对此时的经济增长就没有太大的促进作用。

战后日本的迅速崛起，很重要的原因就是教育发展适应了生产力的要求，政府按照企业的需求大力投资实体教育，推行结构、课程、教学内容与方法等的改革，重点培育各级各类人才和熟练劳动力，成为教育推动经济发展的典范。但此阶段教育对经济的拉动作用更多体现在对实体经济劳动力供给的满足，教育作为一种人力资本投资，还没有凭借本身的增长带动相关的教育需求，形成规模效益。

经济起飞之后，国民经济会进入下中等收入阶段，该阶段通过利用"后发优势"比较容易实现较高的增长率，但是进入中等收入阶段，相对优势就会逐渐丧失，如果没有新的经济增长点就容易停滞不前。还是以日本为例，20 世纪 80 年代后，日本的生产方式发生了巨大的变化，生产不再是大规模的标准化作业，而是小规模、多样化的生产，生产组织单位不是车间而是班组，满足日益丰富的个性化需求。这与建立大规模使用资源的工业化生产不同，强调人的智力的充分开发和人的创造性知识技能培育，也就是人们常说的知识经济。这种生产方式要求从事生产经营的人员不同于工业化时期的人员，不能满足于服从和操作，强调具有开创精神和开创能力、应变能力、适应能力、与人交往和合作能力。这段时期就是高等教育不断得到重视的过程。进入发达阶段的必要条件就是知识和技术经济发展的驱动力，生产进入高附加值时代，人与人、人与自然之间和谐发展。高等教育对于经济发展有着巨大的推动力，而随着高等教育需求的增多，以及高等教育内容和方式的丰富，高等教育及相关产业在国民经济中的贡献份额也在不断加大。

中国的高等教育发展自中华人民共和国成立以来大致可以分以下五个阶段。第一阶段，中华人民共和国成立之初的高等教育调整阶段（1949—1965 年）。新中国成立后，我国学习苏联，建立起了较为全面系统的计划经济体系，全国一盘棋。为了适应计划经济的需要，我国逐步建立了与其相适应的高等教育体系，其根本特征是以行业为主导建立分门别类的专门性学院。校务委员会制（1949 年 10 月—1950 年 4 月）。中华人民共和国成立后，中央对高等教育实行"维持原有学校，逐步加以必要的与可能的改良"的总方针，采取接管、接收、接办，然后加以改造的方法。各高等学校成立校务委员会，行使管理学校的权力。校务委员会由思想进步的教职工代表组成，集体负责，民主管理学校。校长负责制（1950 年 4 月—1956 年 9 月）。1950 年 4 月，教育部指示："凡已由中央人民政府任命的高等学校一律实行校长负责制。"1950年8月14日，经政务院批准实施的《高等学校暂行规程》规定：大学及专门学院采取校（院）长负责制。党委领导下的校务委员会负责制（1956年9月—1961年9月）。1956年毛泽东《论十大关系》发表，1958年9月，中共中央、国务院发布的《关于教育工作的指示》指出："在一切高等学校中，应当实行学校党委领导下的校务委员会负责制；一长制容易脱离党委领导，所以是不妥当的。"党委领导下的以校长为首的校务委员会负责制（1961年9月—1966年5月）。1961年，中共中央批准试行的《高教六十条》规定："高等学校的领导制度，是党委领导下的以校长为首的校务委员会负责制。高校党委是学校工作的领导核心，对学校工作实行统一领导。高等学校的校长，是国家任命的学校行政负责人，对外代表学校，对内主持校务委员会和学校经常工作。"在中央政府主导下，紧密结合国家战略重点的变化，有目的、有计划地主动开启建构过程，国家利益、中央政府、指令性计划是高等教育空间布局形成的三个决定性因素。此时的高等教育同高中教育一样，难以在社会中普及，1952年全国的高等学校只有201所，在校人数19.1万人。虽然1957—1960年高等学校数量达到1289所，招生人数超过普通高中毕业生数，但是1961年开始，全国共关闭了882所，占高校的63.6%。不少学生因此中途辍学，到1965年年底，我国有普通高校434所正常教学，在校人数增加到67.4万人，但此阶段的动荡，以及社会对知识分子的歧视，使得高等教育效率及其对经济发展的促进作用无从谈起，基本属于经济贫困阶段高等教育发展的表现。

第二阶段是中国高等教育恢复和重建的阶段（1978—1990年），1977年我国正式恢复高考。1978年，全国普通高等学校达到598所，在校人数 85 万。① 1978 年到 1984 年，实行党委领导下的校长分工负责制；1984 年开始，实行党委领导下的校长负责制和在部分高校实行校长负责制的试点；国家 1985 年公布《中共中央关于经济体制改革的决定》，1989 年后实行党委领导下的校长负责制。1978 年的《全国重点高校学校暂行工作条例》，设立学术委员会，职权主要集中在教育事业发展规划、科研工作和研究生培养等方面。1985 年《高等学校教职工代表大会暂行条例》标志着高校教职工代表大会制度的建立。1985 年《中共中央关于教育体制改革的决定》确立以体制改革为突破口，启动教育的全方位改革，建设中国特色社会主义教育事业。在加强对高等教育宏观管理的同时，实行简政放权，扩大大学办学自主权。

第三阶段是经济发展有了一定基础，高等教育全面改革的阶段（1991—2000 年）。1991 年国家教育委员会颁布《全国教育科学研究十年规划和"八五"计划要点及实施意见》（教科规厅〔1991〕1号）。高等教育的发展逐渐从自我恢复转向服务于经济建设，但由于当时的国力和社会普遍存在的生存温饱问题，"八五"计划仍是建议"根据需要和可能，适当发展高等教育"，此阶段中国的教育发展还是以九年义务教育为主，学徒和技能培训为辅。这也与当时中国经济所处的后贫困和起飞初期相吻合。广泛的技能型人才才是国家最为急需和短缺的劳动力，对高等教育的投入基本属于整个教育体系相对薄弱的环节。1993 年，中共中央国务院发布《中国教育改革和发展纲要》，高等教育开始受到重视，强调高等教育的内涵式发展方针，鼓励全国高校"共建、调整、合作、合并"，先后将 700 多所高校合并，组建

---

① 陆钦仪. 回顾 50 年，展望新世纪——对我国高等教育发展与改革的思考［J］. 北京高等教育，1996（6）：12-15.

300 多所综合性大学，提高高等学校的整体规模和水平，并对 500 多所高校进行管理体制调整，下放到地方或和中央共建。① 1996 年的《九五计划和 2010 年远景目标纲要》提出"适度扩大专科教育规模"，逐步意识到智力型人才对经济发展的重要作用。后来党的十五大报告正式把"适度发展高等教育"改为"稳步发展高等教育"，并在 1998 年颁布《中华人民共和国高等教育法》，明确指出"国家根据经济建设和社会发展的需要，制定高等教育发展规划，举办高等学校，并采取多种形式积极发展高等教育事业"。中国正式迎来高等教育迅猛发展的阶段，而此时也是国民经济发展取得相当成绩、经济发展基本完成经济起飞的过程，开始步入中等收入阶段。社会中无论国有、民营，还是外资性企业大幅度增多，中国对外贸易频繁，管理水平和经营方式有了巨大的变化，社会对高级型人才需求缺口扩大。

此阶段的高等教育对经济发展，特别是人才的培育起到了举足轻重的作用，同时高等教育本身作为新的国民经济增长也初见端倪。1992 年国家教委颁布《国家教委关于直属高校内部管理体制改革的若干意见》，首次提出高校作为管理的教育实体，具有法人地位。1995 年教育法的颁布首次以法律的形式明确了学校具有法人资格。1998 年 8 月颁布了《中华人民共和国高等教育法》，再次确认了高等学校的独立法人地位。2010 年《国家中长期教育改革和发展规划纲要（2010—2020 年）》提出，要建设现代大学制度，发挥学术委员会及教授等在学术发展、学科建设、内部治理等方面的作用。

第四阶段是高等教育提速扩张与强调教学质量的阶段（2001—

---

① 毛勇. 影响中国高等教育规模速度发展的因素探析——实践与反思 [J]. 高教探索，2005（5）：4-7.

2012 年）。1999 年 6 月《中共中央国务院关于深化教育改革全面推进素质教育的决定》指出："调整现有教育体系结构，扩大高中阶段教育和高等教育规模，通过多种形式积极发展高等教育。"这一决定与1997 年爆发的亚洲金融危机有关，至此中国高等学校大规模扩招正式启动，社会中各类高等教育办学形式也如雨后春笋般涌现，民办高校在全国各省市兴建，教育相关产业，例如出国留学、外语辅导等服务也随之发展起来。也就是这个时候，"高等教育产业说"兴起，不少人将高等教育视为国民经济新的增长点，与后来高等教育出现的一系列问题有着密切的关系。1999 年全国高等学校招生 160 万人，2005 年高等学校招生人数则达 504 万，为 1999 年 3 倍之多。此阶段经济发展已经进入高级型人才普及的阶段，高等教育本身也是国民经济发展的动力之一。11 年的高等教育扩张之路也引发了诸多的社会矛盾，教育收费增长、教学质量下降、教育唯利是图和有失公平等问题使高等教育饱受社会各界的争议与诟病。

世界银行将世界各经济体按年人均国民总收入（GNI）划分为四组，即低收入、下中等收入（偏下中等收入）、上中等收入（偏上中等收入）、高收入，并每年公布新调整的标准。根据 2011 年 7 月的最新调整，低收入的标准为年人均国民总收入 1005 美元及以下，下中等收入为 1006~3975 美元，上中等收入为 3976~12275 美元，高收入为12276 美元及以上。其中，"下中等收入"和"上中等收入"合计统称为"中等收入"。2010 年，中国国民人均收入达到了 4465.86 美元，超过了 3000 美元，正式告别经济起飞阶段，进入各种社会矛盾极为突出的中等收入阶段，突出教育发展过程中的政府责任和机会的均等与公平的呼声越来越高，教育的公益性研究和实践探索逐渐回潮。当前中国正处于经济转轨的关键时刻，能否成功由投资型经济过渡到以技术创新和人力资本为主的集约型增长模式，成功跨越"中等收入陷阱"，高等教育的发展至关重要。教育本身的产权特殊性和准公共物品特性，决定了政府在教育推进社会转型过程中的重要作用。进入第十二个五年规划后，中国教育体系整体水平以及今后发展重点也必将随着实际情况改变，基础教育一头独大的现象必将改变。随着产业升级和国民素质的提高，高等教育及高素质人才的培养和创新能力的提高将成为国民经济实现跨越式发展的根本。在增加教育投资总量的同时，更加注重效率水平的提高，特别是结合人口结构变化，通过调整教育投资结构和发展方向的转变，确保中国高等教育发展的可持续性将是各级政府需要考虑的重大问题之一。

2011年《高等学校章程制定暂行办法》提出大学要完善章程建设，确定了大学章程从政策规定到法律地位的确立。

第五阶段是高等教育质量提升和教育强国阶段（2013—2020年）。2012年11月15日，十八届中共中央政治局常委与中外记者见面，中共中央总书记习近平用10个"更"诠释人民对美好生活的期盼，10个"更"中，"教育"居首。

"人民期盼更好的教育"，我们的教育改革发展必须回应人民对更高质量、更加公平教育的关切和期待，满足人民日益增长的美好教育需要。党的十八大以来，随着一批标志性、引领性改革举措的颁布和实施，我国高等教育发展走上了快车道。

2014年5月，习近平总书记在北京大学考察时强调，"人生的扣子从一开始就要扣好""办好中国的世界一流大学，必须有中国特色""我们要认真吸收世界上先进的办学治学经验，更要遵循教育规律，扎根中国大地办大学"①⋯⋯这些重要思想和论述成为今后我国高等教育办学的基本遵循。2014年8月，习近平总书记主持中央全面深化改革领导小组第四次会议时强调，考试招生制度是国家基本教育制度。总体上看，我国考试招生制度符合国情，同时也存在一些问题，必须通过深化改革，促进教育公平、提高人才选拔水平，以适应培养德智体美劳全面发展的社会主义建设者和接班人的要求。

2014年1月，教育部颁布了《高等学校学术委员会规程》，对高校学术委员会的组成、职责及运行等重要问题分别做了规定。

2014年9月，《国务院关于深化考试招生制度改革的实施意见》发布，吹响了自1977年恢复高考以来力度最大的一轮高考改革号角，分类考试、综合评价、多元录取，破除"一考定终身""唯分数论"，从育分到育人，着眼于人的终身发展。2014年，上海、浙江率先实行了新高考；2017年，北京、天津、山东、海南4个省份也启动了高考改革；2019年，作为全国第三批启动高考综合改革试点的8个省份，河北、辽宁、江苏、福建、湖北、湖南、广东、重庆发布本省份实施方案⋯⋯已基本形成学生选考、高校选科和国家选才的模式。

"育才造士，为国之本"。2015年，国务院印发《统筹推进世界一流大学和一流学科建设总体方案》：到2020年，若干所大学和一批学科进入世界一流行列，若干学科进入世界一流学科前列⋯⋯到21世纪中叶，一流大学和一流学科的数量和实力进入世界前列，基本建成高等教育强国。2017年，《统筹推进世界一流大学和一流学科建设实施办法（暂行）》发布。总体方案和实施办法的发布将推动我国实现从

---

① 习近平. 青年要自觉践行社会主义核心价值观——在北京大学师生座谈会上的讲话 [EB/OL]. 新华网，2014-05-04.

高等教育大国到高等教育强国的历史性跨越。培养什么样的人、如何培养人以及为谁培养人是教育的根本问题。作为党和国家思想政治工作的重要一端和前沿阵地，高校思想政治工作承载着学习研究宣传马克思主义，培养中国特色社会主义合格建设者和可靠接班人的重大任务。

2016 年 12 月，全国高校思想政治工作会议召开，习近平总书记在会上强调，要坚持把立德树人作为中心环节，把思想政治工作贯穿教育教学全过程，实现全程育人、全方位育人，努力开创我国高等教育事业发展新局面。全国高校思想政治工作会议召开以来，高校思想政治工作成效显著：高校师生思想状况积极向上，对党的领导衷心拥护，对以习近平同志为核心的党中央充分信赖，对"四个全面"战略布局高度认同，对中国特色社会主义的道路自信、理论自信、制度自信和文化自信更加坚定，对实现中华民族伟大复兴中国梦充满信心。

新一轮科技革命和产业变革正在引发世界格局的深刻调整，重塑国家竞争力在全球的位置，重构人们的生活、学习和思维方式，我国高校如何才能不滞后于时代？

2018 年 6 月 21 日，教育部召开改革开放 40 年来首次全国高等学校本科教育工作会议，吹响了建设一流本科教育的集结号。8 月，教育部印发《关于加快建设高水平本科教育 全面提高人才培养能力的意见》，被称为"新时代高教 40 条"，确立了未来 5 年建设高水平本科教育的阶段性目标和到 2035 年的总体目标，并推出了"六卓越一拔尖"计划 2.0 版本。在基础研究领域，《高等学校基础研究珠峰计划》出炉，布局建设脑科学、量子信息等 7 个前沿科学中心，以大团队、大平台、大科学计划，推动我国高校基础研究向高峰挺进。未来，中国高等教育将通过大力发展新工科、新医科、新农科、新文科，形成覆盖全部学科门类的中国特色、世界水平的一流本科专业集群。

党的十八大以来，我国高等教育快速发展，成绩斐然。2018 年，全国共有普通高等学校 2663 所，各类高等教育在学总规模达 3833 万人，规模居世界第一。除了规模发展取得巨大成就外，高等教育内涵建设也成果显著。据统计，在基于论文及其被引用次数的国际学科评估中，从 2012 年到 2018 年，我国高校进入 ESI（基本科学指标数据库）前 1% 的学科数从 279 个增加到了 893 个，学科进入 ESI 前 1% 的高校从 91 所增加到了 219 所。2020 年 7 月，中华人民共和国成立以来首次召开全国研究生教育会议，同年 9 月又召开了中华人民共和国成立以来的首次全国职业教育大会，把中国的高等教育又推向了一个新高度。

高等教育承担着人才培养、科学研究、社会服务、文化传承创新的四大职能。其中人才培养是高校办学之本。截至 2018 年，累计已有 2.28 亿人次报名参加高考，高等学校累计培养了 9930.9 万名高素质专门人才，为改革开放和社会主义现代化建设提供了源源不断的人才和智力支撑。

科研水平决定了高校的学术影响力和学术声誉，也决定了支撑国家社会经济发展的能力。随着国家对高校和科研院所的经费投入大大增加，我国科研事业也迎来了大发展，尤其在基础科学研究以及技术创新领域，高等教育占有举足轻重的地位。

党的十八大以来，我国高校以不到全国 10% 的研发人员、不到全国 8% 的研发经费，承担了全国 60% 以上的基础研究；承担了 60% 以上的重大科研任务，包括"863 计划"、科技支撑、重点研发等；建设了 60% 的国家重点实验室；获得了 60% 以上的国家科技三大奖励。2012 年到 2017 年，高校占据了国家科技三大奖的半壁江山（总占比 55.08%），其中自然科学奖以及技术发明奖主要来自高校。

在服务国家重大战略上，各高校发挥自身在人文交流、资源共享、创新合作等方面的独特作用，做出了突出贡献。为服务国家"一带一路"倡议，西安交通大学与陕西省西咸新区联合建设中国西部科技创新港——智慧学镇。北京外国语大学依托多语种学科优势，承担"一带一路"语言资源开发功能，截至 2018 年，已新增 19 个"一带一路"沿线国家语种。浙江大学牵头成立"一带一路"工程教育国际联盟，以"一带一路"沿线国家工程科技人才培养为抓手，打造全球工程教育共同体，促进中国工程技术、工程标准"走出去"。

多年以来，高等院校通过承担国家重大项目、校企合作、科技成果转化、人才输送等一系列工作，将科技成果应用于国民生活改善的方方面面，推动中国水电火电核电、国防工业、农业和基础设施建设全线发展，充分体现了科学技术是第一生产力的论断。

在信息技术领域，2017 年全球超级计算机 500 强榜单公布，"神威·太湖之光"以每秒 9.3 亿亿次的浮点运算速度第四次夺冠。在民生领域，2007 年中国高铁的正式通车离不开北交大、同济、浙大等高校的科研成果和人才支撑；2018 年世纪工程港珠澳大桥通行，背后也是清华、同济、天大等数十所高校的默默支持。在农业领域，中国农业大学的农大 108 系列优质玉米新品种到 2004 年全国种植面积累计超 1.9 亿亩，粮食增产约 95 亿公斤。①

---

① 董鲁皖龙. 扎根中国大地 奋进强国征程——新中国 70 年高等教育改革发展历程［N］. 中国教育报，2019-09-22（1）.

70 年风雨兼程。从全部在校生不足 12 万人到规模世界第一，从学苏联、学欧美到扎根中国大地，从扩招提质到全面内涵发展，我国高等教育走出了一条具有中国特色的现代化道路。

（二）教育投入的阶段性

对于教育投入的阶段分析，即有限的教育资源究竟应该用于发展哪个阶段的教育，才能创造出更多的社会福利，也就是说究竟应该优先发展基础教育、中等教育，还是高等教育。教育投资效率与投资结构关系密切，而教育投资结构与经济发展的阶段性特点则互相关联。一国经济的发展具有明显的阶段性特点，在最初的经济起飞时期，所需要的国民经济增长动力源泉和相应的劳动力结构与进入城市化和工业化中后期的要求有着本质的区别。

对于教育效率的研究，根据经济发展阶段的不同也呈现出阶段性特点。传统的观点认为，发展中国家由于财力有限，应将有限的资源首先应用到基础教育上，这也符合发展中国家的国情，培养大批的初级劳动者满足实际需要。教育经济学家乔治萨卡洛普洛斯（George Psacharopoulous，1985，1991）的研究就发现在欠发达国家教育投资社会回报结构中，初等教育的回报最大，相反高等教育回报最小。[①] Macmahon（1998，2000）的研究也表明，初等教育和中等教育入学率以及对于中等教育的投资对经济增长均至关重要。沃尔特·W. 麦克马洪和伊丽莎白·M. 阿皮亚（Walter W. McMahon 和 Elizabeth M. Appiah，2002）针对发展中国家教育发展状况指出，很多国家把大量的教

---

① PSACHAROPOULOS G Returns to Education: A Further International Update and Implications [J]. The Journal of Human Resources, 1985, 20 (4): 583-604.

育经费用于高等教育，但仍然有大量文盲，从而造成不利于发展的情况。① 所以，中华人民共和国成立初期的很长一段时间里，高等教育投资对国民经济的影响几乎是没有的，但微观效率由于起点较低，还是呈现较快的上升趋势。

在国民收入增长的过程中，生产要素的作用在不断地变化，人均收入超过 3000 美元，人力资本和高新技术成为决定一国经济增长速度和可持续性的关键要素。此时的高等教育投资边际效用最大，无论是微观角度，还是宏观角度，高等教育效率均处在递增阶段。技术不断替代劳动，新产品不断替代旧产品，新技术不断替代旧技术，从而要求劳动力不断从传统产业转向高新技术产业，因此带来劳动力需求的结构性变化，反映到教育领域就是一个教育不断深化的过程，即出现受教育程度较高的人逐渐去从事过去由受教育程度较低的人负责的工作。换句话说，在科技的进步和劳动力整体素质提高的前提下，工作的实质内容虽然没有变，但工作的形式发生了变化。这种变化的根本在于教育和培训促使劳动者不断掌握新知识、新技术。有选择地适度发展不同层级的教育，让更多的人接受更可能和更多年限的教育，也有利于产业结构升级和发明创造，进而促进国民经济成功跨越中等收入陷阱，达到经济发达的水平。

（三）人才培养的周期性

专门人才的培养受经济发展水平的制约，具有一定的周期性。人才作为一种成果来看，它的培养过程总是要耗费一定的财力、物力和

---

① MCMAHONAND W W, APPIAH E M. The Social Outcomes of Education and Feedbacks on Growth in Africa ［J］. Journal of Development Studies，2002，38（4）.

人力，并在获得经济发展的好处上需要时间的积累。那么有限的资源如何分配，在产品生产和人才培育方面就存在两难的选择。当然，相比专门人才的培养，经济发展中的物质财富在时间序列上可以为先，高等教育也可以在经济达到一定程度后再着重发展。而物质产品的生产在一定的积累后，也需要先进的技术和专门的人才来突破发展的瓶颈，此时的高等教育将成为国家发展战略的重点。物质产品的生产和教育的发展在很长一段时间内存在互相制约的关系。因此，领先指标法（leading indicators）可以被应用到规划我国高等教育发展中去。所谓指标领先法是指各种经济现象之间的内在联系是十分紧密的，表现在经济指标上，则反映为时间序列上的先后关系。例如，原材料价格的变动，先于制成品价格的变动；教育事业的发展，先于科学技术的发展；科学技术的发展又先于生产建设的发展等。

亚洲的印度尼西亚、泰国等经济起飞后的国家在经济后期缺乏竞争力、产业升级缓慢而无法转型，陷入"中等收入陷阱"，这与其忽视教育发展重点的调整以及对高等教育的侧重不够有着密切的关系。在缺乏科技创新型人才储备的情况下，现有的社会生产要素就无法形成支撑经济转型的生产方式组合，在国家发展战略上的失误更是加剧了这些国家经济停滞的问题。迈克尔·柯林斯（Michael Collins, 1996）的研究印证了上述观点，他发现亚洲新兴市场国家初期学习日本、韩国模式取得了经济上的跃进，但是在后期并未形成如日本和韩国那样较高的全要素生产率，特别是技术要素在经济增长中的贡献没有提升，这与上述新兴市场国家一味重视基础教育，忽视高等教育有着直接的关系。而且高等教育人才的培养具有周期性，当人们认识到科技人才的重要性时，其并不是可以立即产出的，至少需要4年的大学教育和社会实践活动。Stier（1993）明确指出，高等教育水平提高有助于一个国家发展进入更高的阶段，从而实现经济和发展的转型。Jess 和 Mark（1994）的研究也强调，高等教育的跟进和人力资本水平的进一步提高可以缩小国家间技术水平的差异，从而缩小发展差距，但高级人才的培养不是一蹴而就的。

我国初级阶段工业主要是劳动密集型产业，因而可能需要大量受过初等教育的劳动力，侧重初等教育，对于有限的教育投入而言很重要。但是发展到今天这个阶段，创新对经济转型更重要，教育发展战略也应该转向提高高等教育的竞争力上。因此，在巩固基础教育成果的同时，应致力于提高高等教育的竞争力，为经济转型和成功规避"中等收入陷阱"奠定人力资本基础是我国下一步发展的重点。但是，我国高等教育一直得不到足够重视，而且随着高等教育快速扩张，教育质量令人担忧。如果不能成功实现教育转型，高等教育将缺乏创新能力，那么我国很可能失去竞争力而陷入"中等收入陷阱"。如果教育转型滞后、科技发展落后、高等教育竞争力不足并且缺乏创新性，那么建设创新型国家只能是一个口号。所以世界经济论坛提出，中国应该加强高等教育的竞争力，核心是创新能力的培养。

第三节　效率评价及其方法选择

效率评价是人类社会的一项经常性的、非常重要的认知与评价活动。无论是企业效率评价还是管理效率评价都有自己的指标和侧重点，而教育的投资效率研究有着特殊的考核指标。

一、教育投资效率评价

教育效率涵盖范围广泛，又被称为教育投资效率、教育资源利用效率、教育内部投资效益。从一般意义上来说，教育投资效率更强调教育投资角度的研究，而教育资源利用效率更能体现经济学意义上的效率研究，教育内部投资效益则是以微观主体自身的投入产出为主。

从经济学的视角看，教育投资效率、教育资源利用效率和教育内部投资效率都涉及教育领域的投入产出分析，这是将教育视为一种生产或类似的经济活动，比较其消耗的资源和产出的成果以得出经济学意义上的效率分值，教育效率的提高是教育经济追求的目标之一。相应地，就需要一系列可以代表教育投入和产出水平指标的开发与研究，例如学生数、毕业率、教师数、师生比、人均教育经费、人均教室面积、图书馆利用率、校舍面积、人均科研成果等。

从管理学的角度看，教学管理一直是管理学关于教育研究的重点和基本问题。同样地，教学管理也追求效率的提高，但更侧重于微观视角的分析。例如，20世纪80年代的教学管理强调学校的效能研究，以提高学生的学习成绩和学校为之的相关改进为主要内容。通过研究对学生成绩有促进作用的因素来调整学校的决策和发展方向，这与经济领域的教育效率研究还是有着本质的区别的。

无论是在经济学领域还是在管理学领域，教育都是一个特殊的研究对象，这不仅仅是因为教育特殊的经济属性，更在于教育过程的独一无二。教育是一种涉及"人"的再生产手段，它本身并不能说明自己的效率，但它对国家的发展和社会素质及精神文明的提高有着积极的作用。因此，在效率评价指标选择和模型构建上应对此有所侧重。在国家宏观层面，教育效率需要考虑的内容或指标不仅涉及经济增量的贡献，更包括对社会文化方面的改善，以及学生培养与国家发展所需人才结构的契合。这是教育效率研究中的难点，由于统计和量化的可能与难易程度，必然存在取舍。而微观层面的数据和指标搜集相对容易，但仍需注意与研究对象实际发展相结合的代表性问题，这些方面都需要深入的研究和辨识。

二、DEA 和 SFA 评价方法

国外对教育重要性的关注由来已久，1910 年美国教育领导人威廉·巴格利（Willaim Bagley）在《教育管理》中指出，教育是一个经济问题，投在学校的每一单位的货币、时间、能量都应获得最大的收益。这是较早提及教育效率的学者和出版的专著。虽然教育效率问题提出较早，但直到 20 世纪中后期关于教育投入产出的研究才得到广泛的关注，这得益于效率评价方法研究的进步。此时的相关文献研究主要是从生产函数入手，分析在投入与配置既定的前提下，实际产出与最大可能产出（实际成本与理论最小成本）之间的关系（成刚、孙志军，2008）①。而根据函数中参数的分类，效率评价研究还进一步分为参数法和非参数法。参数法是指对不同假设前提下形成的生产函数中的参数进行估计，并考虑随机误差的影响。目前应用较为广泛的参数法是对传统方法改进后的随机有效前沿分析方法（SFA——Stochastic Frontier Analysis）。Southwick & Lawrence（1969）利用美国

---

① 成刚，孙志军．我国高校效率研究［J］．经济学（季刊），2008（2）：1079-1104.

教育办公室公布的财务、入学和就业数据对 1956 年至 1963 年高校的生产与成本关系进行研究，结果表明，生产关系没有发生显著变化，但要素成本的快速增长导致了教育学生的社会成本大幅增加，这一研究结果在当时对于国家教育政策和各个学院或大学的规划都起了重要的作用。Sengupta（1975）、McGuire（1988）、Dundar & Van Lewis（1995）和 John G. Ryan（2004）等曾经利用参数分析方法研究美国高等学校的生产效率及其水平估算。而非参数法，顾名思义，就是不要求具体的生产函数形式，只强调要素间的投入产出关系，对于指标的选择和数据的处理无须统一的量纲，更没有对要素变量分布的前提假设要求，可以处理多投入—多产出的生产情况。非参数分析法最典型的代表是 DEA（Data Envelopment Analysis），现在已经有不少学者将其应用在制造业、金融、公共产品效率分析等领域。

已有的研究多采用数据包络分析法 DEA（Data Envelopment Analysis）和随机有效前沿分析法 SFA（Stochastic Frontier Analysis），在国外的许多行业，特别是公共事业的效益评价得到广泛使用，而且这些研究都成为实际的经济和管理决策的重要依据，可以说是非常有前景的评价公共事业部门效率的模型方法。

相对于以往的单项评价，DEA 方法可以同时对决策单位（简称 DMU）的多项投入和多项产出的相对有效进行评价。事先不需要知道各投入和产出之间的函数关系，在模型的实际计算时也无须估计相关参数；自设投入指标和产出指标权重，避免了研究设置中的主观性。此外，它还不受计量单位的影响，可以处理比例尺数据，也可以处理顺序尺度数据。这些都增加了 DEA 方法在教育资源配置效率方面的应用。

　　在教育发展过程中，教育的投资效率研究起着非常重要的作用。不仅是因为投资是推动教育质量提高的关键要素，更在于投资效率研究能够引申出教育领域存在的实质性问题。教育投资效率是教育经济发展的核心问题。一些学者通过 DEA 方法研究教育投资效率，取得了一定的成果。

　　较早应用到教育效率评估领域的是非参数评价方法，特别是 DEA。如 1989 年 Ahn 等对得克萨斯州的高校效率评估，发现样本的效率从 60.7% 到 100% 分布不等；1997 年 Athanassopulos 和 Shale 对英国高校效率的研究与此类似，得出样本的效率分布更广（从 36.73% 到 100% 不等）的结论；2003 年 Abbott 和 Doucouliagos 等学者还运用 DEA 方法以澳大利亚的 36 所高校为研究对象，进一步测算了它们的"技术效率"和"规模效率"问题，得出"36 所澳大利亚高校整体运行情况较好"的结论。2005 年，Afonso 和 Aubyn 还结合 DEA 与自由可处置包 FDH（Free Disposal Hull）方法，对 OECD 国家的教育及卫生行业的投资效率进行了评价。2006 年，在此基础上，Afonso 等又采用改进的 DEA 模型测评了 20 多个国家中等教育的办学效率。

三、选用 DEA 方法评价高校投入产出效率的适用性

　　关于效率评价或者绩效研究由来已久，效率的提高也是各国经济发展追求的重要目标之一，因此相关研究比较丰富。从研究对象上看，分为国家宏观层面、产业层面和企业层面；从研究范围来看，有一个国家、一个地区之分。相比国家的宏观研究和企业的微观分析，中观层面的产业评价不多。虽然说高等教育尚不能真正成为一个产业，但

是其相关的经济特征类似于一个专门领域的研究。所以，高等教育效率评价还处在不断摸索中，特别是在研究方法上，由于教育领域内部无法量化和指标化的因素，在指标处理上不仅存在盲区，就是在方法选择上也可能存在偏差。目前，已有的效率评价方法总体可以归为两大类，第一种是随机有效前沿方法 SFA（Stochastic Frontier Analysis），即测算现有投入产出方式具体的效率水平，并估计其与最优效率值之间的差距。相应地有技术效率得分和技术无效得分，这两种评分并没有优劣性，只是研究的视角和反映的问题不同。但这种方法的研究前提是知道生产函数的具体形式，生产函数中具有效率项（或者无效项）和随机扰动项，易于展开深入的分析。该方法主要针对多投入—单产出的情况，缺点是模型分析相对复杂，数据要求高且样本多。由于高等教育的投入产出涉及元素较多，对于其产出的衡量不可能是一种要素，等产量线也较难量化，数据收集、归纳和整理都存在问题，此种方法基本不适合高等教育的多产出分析。第二种是数据包络分析方法 DEA（Data Envelopment Analysis）。该种方法不需要任何具体形式的生产函数，可以研究多投入—多产出的情况，估计结果相对稳定，在金融和公共产品的效率评价中应用较广泛。当然，方法不考虑随机误差，将其都归于效率无效，容易出现评估偏差的问题，也可能出现"劣中选优"的伪像。虽然近些年，不少学者试图在 SFA 和 DEA 之间搭桥铺路，将二者结合以弥补彼此的不足，增加多产出评价的同时，考虑随机误差对效率得分的影响，但是由于二者的假设条件和原理不同，现在还没有一个更为成熟的方法可以将二者结合起来。近些年，半参数分析在分析的基础上一定程度地融合了参数和非参数分析方法，成为尽可能地将二者联系起来的办法，但其适用性和对不同领域

的应用还有待考察。所以，本研究选用 DEA 研究方法，这不仅是因为
中国高等教育现状，更重要的是，该方法针对投入产出的多变量分析
符合高等教育的实际情况，并避免了生产函数设定的难题，较为适合
高等教育效率研究。

第三章 世界主要国家教育投资结构演变历程

各个国家都经历过高等教育发展的不平衡时期，特别是人口相对较多、地域较广的国家。而且教育的发展具有连续性的特点，发展中国家可以从发达国家教育历程的演进过程中吸取经验和获得启示，特别是在发展模式和教育系统的投资结构上，可以进行对比和类推。

第一节 发达国家教育发展史上政府责任的演变

西方教育发展史上，先后出现社会办学和国家办学两种形式。在人类发展初期，教育还是一种非常私人的事件，一国教育以社会办学为主，国家中的大部分学校是由某个社会团体举办和管理的，并为特定的利益集团服务，这种情况一直维持到中世纪早期。国家主导办学是随着民族国家兴起而逐渐出现的，而后国家开始干预社会的教育权利，这种干预在"二战"后达到了顶峰。20世纪后半期教育市场化改革和产业化的回潮可以说是社会办学长期被压制的一种反弹，但社会和国家的教育权在目前呈现一种融合的趋势。

具体来说，西方教育发展大体经历了三个历程：社会办教育阶段，政府主导办学的阶段，政府主导、市场参与的多元化发展阶段。

一、社会办教育阶段

对于教育的最早论述可以追溯到亚当·斯密时代，他在《国富论》中指出，"学习一种才能，须受教育学习的时候固然要花费一笔费用，但这种费用可以得到偿还，赚取利润"①。亚当·斯密时代的经济学崇尚自由竞争，强调理性"经济人"的假设，企业为利润最大化，消费者为效用最大化，而政府也是从自身角度出发，寻求自我利益的最大化。所以，政府干预教育缺乏理论的支撑。同时，从成本与收益角度看，教育是一种给受教育者带来好处的服务。按照市场交易规则，教育的供给与需求与其他商品一样，渗透着私人物品的特征，按照"谁受益，谁投资"的原则，根本考虑不到政府的行为。在这一时期，教育权主要是在社会，政府基本充当的是"守夜人"的角色。

二、政府主导办学的阶段

在 1929 年世界经济大萧条前，人们认为市场是万能的，不存在市场失灵一说，政府在经济中发挥着微小的作用。但是，当经济危机逐渐席卷全球，以凯恩斯为首的经济学家提出了新的经济理论，并应用于各国经济复苏过程中。教育领域也因为实体经济的萎缩而急需政府的介入，发达国家由宗教和个人团体建立起来的社会教育系统不断出

---

① 亚当·斯密. 国富论（上）［M］. 谢祖均，译. 北京：新世界出版社，2007：107-109.

现政府的角色，从此政府对教育的干预逐渐增强。同时，"二战"后出现了不少民族独立国家，教育在很大程度上代表了国家的利益，成为政府参与活动的基本领域之一。在公共教育领域，国家有向其投资的义务，主张兴办国家公立大学，并委派专人负责学校的运营和管理，增加了教育领域的公益性、公共性和国家垄断色彩。

三、政府主导、市场参与的多元化发展阶段

随着各国经济的发展和人们对教育需求的增长，不少国家出现了教育供给不足的现象。同时，西方经济理论研究也发现，政府虽然在公共领域发挥着重要作用，但是市场仍存在失灵问题。政府制定各项规则，但最终发挥作用的仍是市场内在的自发形成的秩序。伴随着20世纪七八十年代出现的石油危机和经济滞胀，不少学者也开始质问，到底是市场更有效率，还是政府更有效率？布坎南给出自己的观点，认为"国家不是神的造物，它并没有无所不在和正确无误的天赋"①。市场失灵存在的同时也会有政府失灵的出现，特别是寻租行为的发生，更是使人们认清了市场的作用。相应地，在教育领域，针对教育的属性是否应该市场化，展开了广泛的讨论。英国学者保尔（S. Ball）根据哈耶克的"有节制的竞争"为基础，提出教育的"政治市场"特性，也就是说，教育领域的市场活动并非纯粹的市场交易，它是在特定的规章制度下，政府为了达到特定的社会经济目的而约束的领域。在掀起的一股私有化浪潮下，教育领域也展开产业化的实践，在弥补公共教育供给不足的同时，社会办学和多元化投资也在相当程度上助

---

① 赵汉平．西方经济思想库（第三卷）［M］．北京：经济科学出版社，1997：314.

推了教育投资效率的提高。1983 年 4 月，美国教育质量委员会发表了《国家处在危险之中：教育改革势在必行》报告，预示着美国新一轮的教育改革拉开帷幕；1984 年 8 月，日本成立了"临时教育审议会"，将教育领域的多元化改革提上日程，把握改革的总体思路和基调。随后，英国、法国、德国等也相继展开此类教育改革。在西方国家市场化规则和教育体系健全的背景下，政府干预和市场规则共同作用于教育领域，在义务教育领域加强政府干预的力量，在非义务教育领域则让市场发挥作用，相应地取得了不错的成果。

以上是西方国家政府在教育领域角色的演变过程，与此不同的是，中国作为发展中国家，与欧美日等发达国家相比，在规章制度的建设和市场经济发展的程度上，还有巨大的差距，所以在 20 世纪 90 年代后期开始的教育产业化的过程中出现了难以预料的问题。因为，西方国家教育的"公""私"领域和广大发展中国家的"公""私"领域并非对应，由于各国的资源禀赋、人口结构、年龄结构、经济发展阶段的差异，会产生不同的资源配置模式。但各国对于教育属性的理解和市场参与的肯定方面已基本达成了一致，只是发展的重点和相应的权利安排及相关的制度设计有着不同的要求。

第二节　典型国家的教育投资

1978 年开始的改革开放，摆脱"苏联模式"和计划经济体制的束缚，建立社会主义市场经济体制，这成了探索我国高等教育体制改革、制度建设和治理改革的立论基础和价值尺度。1978 年恢复高考后，中

国的教育管理模式逐渐由模仿苏联的模式向学习日本和欧美等国家的
教育模式转变。

一、国外教育投资比例

教育投资比例是指一定时期一国的教育投资在国民收入中所占的
比重。发达国家通常是指公共教育的公共支出加上对私立教育的补贴
占国内生产总值的比值，在我国与之对应的是财政支出的教育费用在
国民收入中的比重。

第二次世界大战之后，发达国家休养生息，并加大了对教育领域
的投资。在1960—1975年取得了飞速的增长，教育投资比例由1960
年的3.6%增长到1975年的5.5%[①]，随后趋于稳定，一直维持在5%
以上的水平。1985年转型国家在教育上的投资比例也达到最大，教育
发展对于经济转型和产业结构调整也发挥了应有的作用。欠发达国家
经过多年的发展，于2000年之时将公共教育投资比例提高到4%以上，
而最不发达国家则一直处在3%以下的水平。中国同期的投资比例与
最不发达国家接近，低于欠发达国家，与发达国家的差距较大。所以，
即使与世界平均水平相比，中国的教育投资也是偏低的。

2019年政府对教育投入占GDP比重达4.04%。继2012年首度突
破4%之后，连续8年保持在4%以上。根据世界银行最新数据，2019
年全球教育开支占GDP比重均值为4.487%，在世界上有可比数据的

---

① 王善迈.教育投入与产出研究［M］.石家庄：河北教育出版社，1996：123.

190 个国家和地区中，4.04% 这个数字，居第 110 位。① 经过多年发展，我国教育投入占比已逐渐接近国际平均水平。

利用世界经济合作与发展组织（OECD）2016 年发布的各国教育经费统计数据②，并结合中国教育经费统计年鉴的相关数据对世界主要国家教育经费投入规模的比较分析，根据经济合作与发展组织的国际标准分类，发现衡量教育经费投入规模的关键指标主要分为两个方面：一是公共财政教育支出（包含教育事业费、基建经费以及教育费附加）占公共财政总支出的比例；二是国家财政性教育经费和公共财政教育支出占国内生产总值（GDP）的比例，两者比值越高，说明国家在公共教育领域的投资比重越大。随着经费投入规模不断扩大，教育投入的累积效应将逐步显现。

（一）公共财政教育支出占公共财政比例及其变化趋势

公共财政教育支出占公共财政总支出的比例大小，既是反映公共财政用于发展教育事业的客观依据，也是衡量国家教育投入水平的重要指标。数据表明，不同经济发展水平的国家在公共财政教育支出比例上有着较大差异，各国公共财政教育支出占公共财政支出比例总体分布在 6.8%~18.4% 之间。其中经合组织国家平均水平为 11.3%，欧盟 22 国平均值为 9.9%。以各国比值大小进行排序，比值在 13% 以上的国家既有新西兰（18.4%）、瑞士（14.9%）、冰岛（13.5%）、爱尔兰（13.2%）等发达国家，也有墨西哥（17.3%）、巴西（16.1%）、智

---

① 2019 年我国政府教育投入占 GDP 比重，达 4.04%！来看看全球排名第几［EB/OL］，搜狐，2020-10-10.

② OECD. Education at a Glance 2016：OECD Indicators［R］. Paris：OECD Publishing，2016：177，193.

利（15.4%）、中国（15.3%）等发展中国家。比值在经合组织平均值（11%）以上、13%以下的国家有挪威、丹麦、韩国、加拿大，紧随其后是美国、英国、爱沙尼亚和以色列。比值在11%以下的国家有斯洛伐克、法国、西班牙、日本，捷克、斯洛文尼亚、意大利和匈牙利。与之相比，2013年我国公共财政教育支出（21405.67亿元）占公共财政总支出（140212.1亿元）的比例为15.3%，比同期经合组织国家平均水平高出4个百分点，足见我国公共财政教育支出在公共财政总支出中占据较高的份额。①

　　以2008年为基准，2013年，公共财政教育支出占公共财政支出比例呈现上升趋势的国家有韩国、斯洛伐克、以色列、澳大利亚、波兰、瑞士、荷兰、德国、葡萄牙和爱尔兰。如图3-2所示，升幅最大的是韩国，其间上升了9个百分点。除爱尔兰以外，上述国家公共财政教育支出和公共财政支出都呈现向上增长的态势，而且公共财政教育支出的增幅都高于公共财政支出的增幅。排在后5位的国家分别是斯洛文尼亚、匈牙利、西班牙、意大利和挪威，其中降幅最大的是斯洛文尼亚，其间下降了29个百分点。受2008年金融危机和2011年爆发的"欧债危机"的影响，上述5个国家除挪威以外，公共财政教育支出都有不同程度的削减，并出现了较大幅度的下滑。从经合组织平均水平来看，公共财政教育支出和公共财政支出整体呈现缓慢增长的趋势，但是公共财政教育支出的增幅相对滞后于公共财政总支出的增幅，因此公共财政教育支出占公共财政的比例并未同步上升，而是显现出微弱下降的趋势。

---

　　① 陈纯槿，郅庭瑾.世界主要国家教育经费投入规模与配置结构［J］.中国高教研究，2017（11）：78.

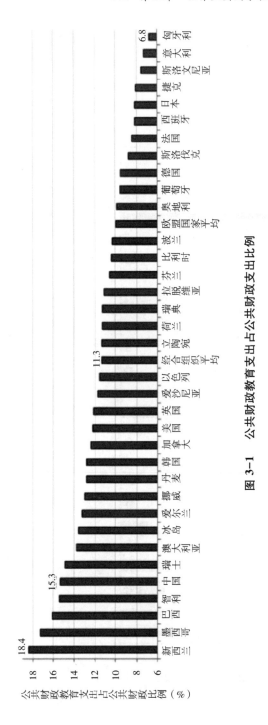

图 3-1 公共财政教育支出占公共财政支出比例

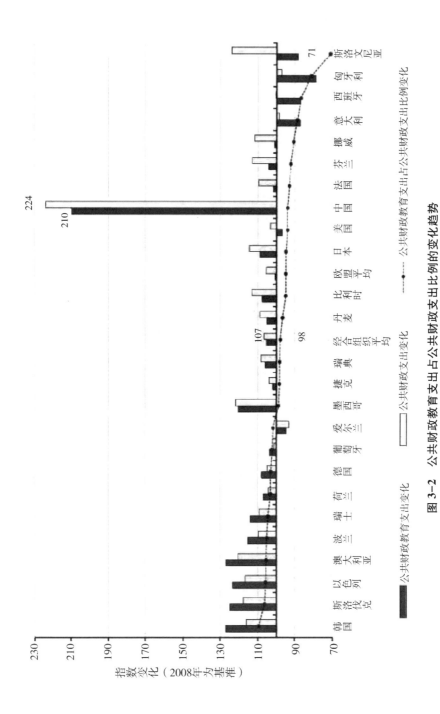

图3-2 公共财政教育支出占公共财政支出比例的变化趋势

　　相较国际平均水平而言，我国公共财政教育支出的增速明显高于同期其他经济体。如图 3-2 所示，2013 年我国公共财政教育支出比 2008 年高 210%，是上述国家中公共财政教育支出增长最快的。此外，2013 年我国公共财政支出是 2008 年的 2.24 倍，明显高于其他国家公共财政支出的增速。与经合组织国家一致，我国公共财政教育支出的增幅相对滞后于公共财政总支出增幅，以致公共财政教育支出占公共财政支出的比例呈微幅下降的趋势。

　　（二）国家财政性教育经费占国内生产总值比例及其变化趋势

　　按照世界银行的定义，2016 年人均国民总收入在 12236 美元及以上为高收入国家，人均国民总收入在 3956~12235 美元之间的国家为中等偏上收入国家，人均国民总收入在 1006~3955 美元之间的国家为中等偏下收入国家，人均国民总收入在 1005 美元及以下为低收入国家。

　　图 3-3 中的实线代表高收入国家财政性教育经费占 GDP 比例的平均值，可以看出，2010—2014 年高收入国家该比值一直处于 4.5% 以上，峰值为 2010 年的 5.41%，最低值为 2007 年的 4.75%。实线下方第一条虚线代表中等偏上收入国家平均水平，可以发现，2008 年以前，中等偏上收入国家财政性教育经费占 GDP 的比例一直在 4% 水平线上徘徊，2009 年以后出现了明显转折，该比值上升至 4.5% 以上，峰值为 2013 年的 4.75%，最低值为 2004 年的 3.82%。实线下方第二条虚线代表中等偏下收入国家平均水平，除 2009 年和 2010 年外，中等偏下收入国家财政性教育经费占 GDP 的比例一直处于 4% 以下，2000—2005 年其波动幅度要明显大于高收入国家和中等偏上收入国家，峰值为 2009 年的 4.10%，最低值为 2000 年的 3.13%。对比不同

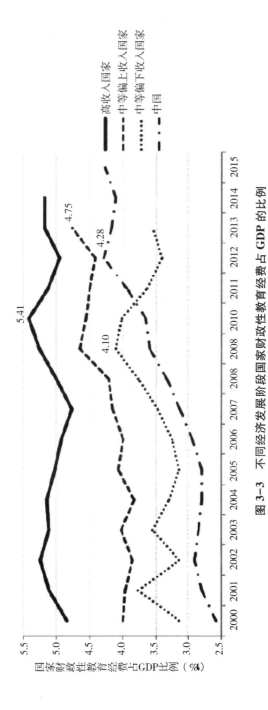

图 3-3　不同经济发展阶段国家财政性教育经费占 GDP 的比例

经济发展水平的国家，不难看出，高收入国家财政性教育经费占GDP比例明显要高于中等偏上收入国家和中等偏下收入国家，因此随着国家经济发展水平的不断提高，国家财政性教育经费占GDP的比例总体呈现日益增长的趋势。

从我国历年变化情况来看，自2012年国家财政性教育经费占GDP比例突破4%以后，我国正式跨入"后4%"时代，尽管已接近中等偏上收入国家平均水平，但与高收入国家相比仍存在明显差距。2012年以前，我国财政性教育经费占GDP比例长期低于4%，其主要原因在于国家财政性教育经费的增速相对滞后于GDP增速，而随着近年来我国经济增速趋缓，加之财政性教育经费增长加快，可以预见到的是，未来我国财政性教育经费占GDP比例将逐步提高到与高收入国家5%相接近的水平。

图3-4所示为世界主要国家公共财政教育支出占国内生产总值比例。可以看出，各国公共财政教育支出占GDP比例总体分布在3.42%~7.26%之间。其中，经合组织国家平均水平为4.79%，欧盟22国平均值为4.75%。以各国比值大小进行排序，比值在7%以上的国家有挪威、丹麦，比值在5%~6%之间的有芬兰、冰岛、瑞典、比利时、新西兰，紧随其后的是巴西、英国、爱尔兰、荷兰和奥地利；比值在4.5%~5.0%之间的有阿根廷、美国、法国、瑞士、葡萄牙、以色列、澳大利亚、土耳其、加拿大、墨西哥和斯洛文尼亚；比值在4.0%以下的有立陶宛、意大利、智利、西班牙、斯洛伐克，紧随其后的是日本、捷克和匈牙利。与之相比，2013年我国公共财政教育支出（21405.67亿元）占GDP（国家统计局修订后为588019亿元）比例为3.64%，高于同期的日本、捷克、匈牙利和斯洛伐克，但低于欧盟22国平均值1.1个百分点，也低于经合组织国家平均水平。

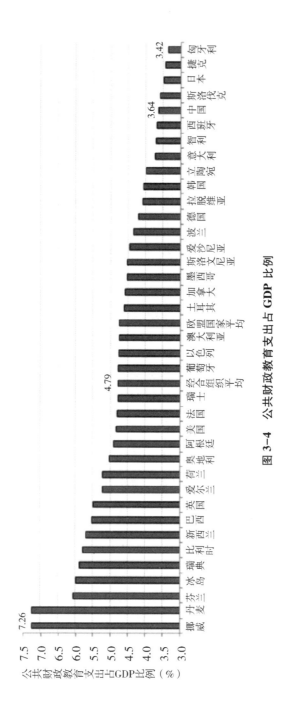

图 3-4 公共财政教育支出占 GDP 比例

图 3-5 所示为公共财政教育支出占 GDP 比例的变化趋势。以 2010 年为基准，2013 年公共财政教育支出占 GDP 的比例呈现上升趋势的国家有土耳其、俄罗斯、中国、以色列、瑞士、意大利、荷兰、韩国和智利，其中升幅最大的是土耳其，其间上升了 23 个百分点。除意大利以外，上述国家公共财政教育支出和国内生产总值都显现出向上增长的态势，而且公共财政教育支出的增幅均高于国内生产总值的增幅。排在后五位的国家分别是爱尔兰、匈牙利、西班牙、澳大利亚和爱沙尼亚，其中降幅最大的是爱尔兰，其间下降了 13 个百分点。受 2011 年"欧债危机"的严重影响，上述 5 个国家除爱沙尼亚以外，公共财政教育支出均出现较大幅度的下滑。从经合组织平均水平来看，公共财政教育支出和国内生产总值整体上呈现向上增长的态势，但公共教育支出的增幅相对滞后于国内生产总值的增幅，因此公共财政教育支出占国内生产总值的比例呈下降趋势。与之相比，我国公共财政教育支出 2013 年比 2010 年高 151%，明显高于上述国家公共财政教育支出的增幅；2013 年我国国内生产总值是 2010 年的 1.46 倍，是上述国家中国内生产总值增长最快的。与经合组织国家不同的是，我国公共财政教育支出的增幅高于国内生产总值的增幅，因此我国公共财政教育支出占国内生产总值的比例整体呈现上升的趋势。

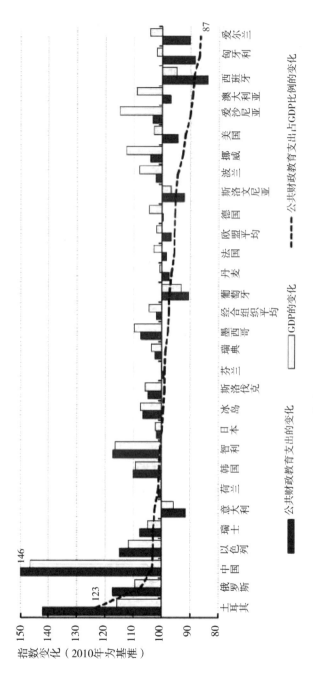

图 3-5　公共财政教育支出占 GDP 比例的变化趋势

二、世界主要国家教育经费配置结构

教育经费投入规模不断扩大是教育改革发展的必然趋势，而合理的经费配置结构则是提高教育经费使用效率的基本要义。根据世界经济合作与发展组织的定义，测度教育经费配置结构的指标主要分为4个方面：①以教育发展阶段为划分标准，考察高等教育与中小学教育公共财政支出结构比例；②以教育经费来源为划分标准，探析教育公共支出与私人支出的结构比例；③以教育经费支出用途为划分标准，探查教育经费经常性支出与资本性支出结构比例；④以教育经费支出类别为划分标准，对人员经费与研发经费支出结构进行分析。

（一）高等教育和中小学教育公共财政支出结构及差异比较

以教育发展阶段为划分标准，公共财政教育支出可分为高等教育公共财政支出和中小学教育公共财政支出。从教育产品属性看，高等教育属于准公共产品范畴，中小学的义务教育属于纯公共产品，因此公共财政支出用于中小学教育的比重往往要高于高等教育公共财政支出比例。通过对各级教育公共财政支出占国内生产总值的比例进行统计，结果见图3-6。

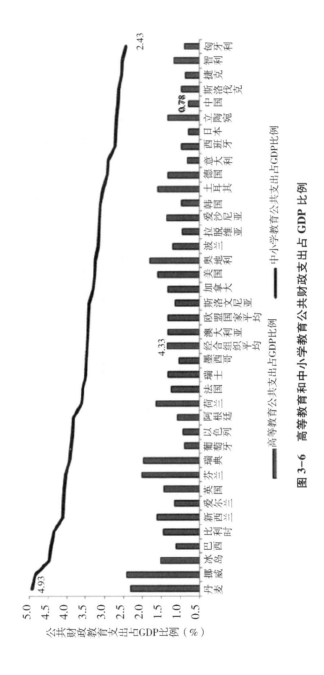

图 3-6　高等教育和中小学教育公共财政支出占 GDP 比例

如图 3-6 所示，从高等教育公共财政支出与 GDP 之比来看，该比值在 2% 以上的前三位国家分别为挪威（2.43%）、丹麦（2.32%）和芬兰（2.01%），上述三个国家都是公共财政教育支出位居前列的北欧国家；绝大多数国家的高等教育公共财政支出占 GDP 比例介于 1%~2% 之间；比值在 0.9%~1.0% 之间的有韩国、斯洛伐克、西班牙、拉脱维亚、以色列、匈牙利和葡萄牙；比值在 0.7%~0.9% 之间的有中国、日本、捷克和意大利。平均而言，经合组织国家高等教育公共财政支出与 GDP 之比的平均值为 1.33%，欧盟 22 国平均值为 1.32%。我国高等教育公共财政支出与 GDP 之比为 0.78%，比经合组织国家平均水平低 0.55%。

图 3-6 呈现的数据表明，高等教育公共财政支出占 GDP 比例明显低于中小学教育公共财政支出占比，两者的比值大多为 1∶2，这种经费支出结构与中小学教育和高等教育的公共产品属性密切相关。从中小学教育公共财政支出与 GDP 之比来看，该比值在 4% 以上的前三位国家有丹麦（4.93%）、挪威（4.84%）和冰岛（4.47%），紧随其后的有巴西、比利时、新西兰、爱尔兰、英国和芬兰，这些国家以注重教育和医疗等公共福利的欧洲国家居多。大多数国家中小学教育公共支出占 GDP 比值处于 3%~4% 之间，比值在 2.6%~3.0% 之间的国家有德国、意大利、西班牙、日本、立陶宛、中国和斯洛伐克，比值在 2.6% 以下的有捷克（2.54%）、智利（2.52%）和匈牙利（2.43%）。平均而言，经合组织国家中小学教育公共财政支出与 GDP 之比平均值为 3.44%，欧盟 22 国平均值为 3.40%。与之相比，我国中小学教育公共财政支出与 GDP 之比为 2.63%，比经合组织国家平均水平低 0.81 个百分点。

　　进一步来看，各级教育经费配置结构集中反映在初等教育、中等教育和高等教育的生均经费配置结构比例上。为此，本研究对世界主要国家各级教育生均经费进行统计，结果见图3-7。在高等教育阶段，按照生均经费排序，居于前五位的分别是卢森堡、美国、英国、瑞士和瑞典，均属于发达经济体；排在后五位的分别是印度尼西亚、哥伦比亚、墨西哥、智利和拉脱维亚，均属于发展中国家。其中生均经费最高的国家是卢森堡，为40933美元；其次为美国，为27924美元；生均经费最低的是印度尼西亚，为2094美元。

　　在中等教育阶段，生均经费排在前五位的分别是卢森堡、瑞士、挪威、奥地利和比利时，排在后五位的分别是印度尼西亚、哥伦比亚、墨西哥、土耳其和巴西。其中，生均经费最高的是卢森堡，为19763美元；美国中学的生均经费为12740美元，生均经费最低的是印度尼西亚，平均为984美元。

　　在初等教育阶段，按照生均经费排序，排在前五位的分别是卢森堡、瑞士、挪威、丹麦和美国，排在后五位的分别是印度尼西亚、哥伦比亚、墨西哥、土耳其和巴西，均属于发展中国家。其中，生均经费最高的是卢森堡，为17959美元；美国小学的生均经费为10959美元；小学生均经费最低的是印度尼西亚，平均为1184美元。

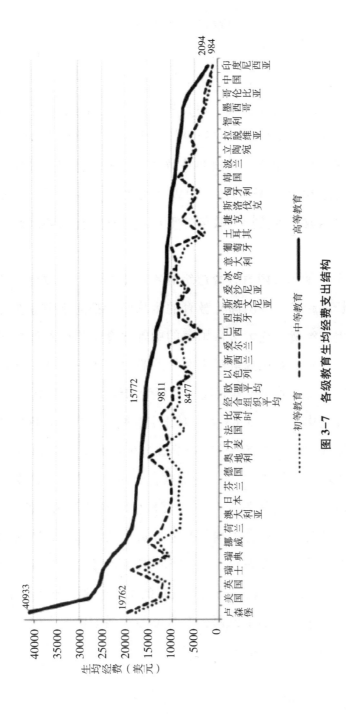

图3-7　各级教育生均经费支出结构

　　相对于经合组织发达国家而言，我国各级教育生均经费明显偏低，与高收入国家的生均经费存在较大差距。从经合组织国家平均水平来看，初等教育、中等教育和高等教育生均经费分别为 8477 美元、9811 美元和 15772 美元。对比初等教育生均经费，中等教育和高等教育的生均经费分别高出初等教育生均经费 16% 和 86%。与经合组织国家平均值相比，我国初等教育、中等教育和高等教育生均经费分别与之相差 7153 美元、7929 美元和 11763 美元。该差距表明，当前我国教育经费投入政策的重点应是逐步提高各级教育的生均经费水平。

　　如图 3-8 所示，随着教育层级的不断提高，生均教育经费整体上呈现增长的趋势。各国高等教育的生均经费都高于中等教育和初等教育的生均经费，绝大多数国家的中等教育生均经费都高于初等教育的生均经费。对比高等教育和初等教育的生均经费差异，差值最大的国家为土耳其，土耳其高等教育生均经费平均为 10637 美元，是初等教育生均经费的 3.68 倍；对比中等教育与初等教育生均经费差异，差值最大的为捷克，捷克中等教育生均经费为 7861 美元，是初等教育生均经费的 1.66 倍。中等教育与初等教育生均经费差异最小的是巴西，巴西初等教育和中等教育生均经费均为 3800 美元左右。高等教育与初等教育生均经费差异最小的是冰岛，冰岛初等教育和高等教育的生均经费分别为 10569 美元和 11256 美元，两者差异并不显著。我国高等教育与初等教育的生均经费差异要小于美国、英国等发达国家，也小于巴西、墨西哥等发展中国家，但总体上高于经合组织国家的平均水平。

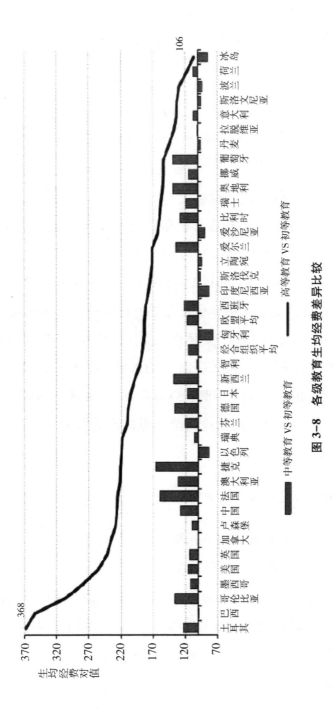

图 3-8 各级教育生均经费差异比较

（二）高等教育公共支出与私人支出结构及差异比较

以教育经费来源为划分标准，教育经费支出可分为公共支出（public expenditure）和私人支出（private expenditure）。对于义务教育而言，公共财政支出增加是实现义务教育普及目标的内在要求；而对于高等教育而言，既要扩大公共财政支出规模，又要逐步提高社会和家庭对高等教育的私人投资份额。

如图 3-9 所示，美国高等教育私人支出与 GDP 之比为 1.68%，这一比例要明显高于美国高等教育公共支出与 GDP 的比值（0.96%）。与之相似，日本、韩国和澳大利亚的高等教育私人支出占 GDP 比例均高于高等教育公共支出比例。相比之下，我国高等教育私人支出占 GDP 比例为 0.51%，虽然这一比例低于美国、日本、韩国和澳大利亚等国家，但略高于同期经合组织国家平均水平（0.48%）；相应地，我国高等教育公共财政支出占 GDP 比例为 0.78%，低于同期经合组织国家平均水平（1.13%），可见我国亟待提高高等教育公共财政支出比例。

（三）教育经费经常性支出与资本性支出结构比例

以教育经费支出用途为划分标准，公共财政教育支出分为经常性支出（current expenditure）和资本性支出（capital expenditure）。前者用于维持教育部门日常运转和保障人员基本生活所必需的开支，主要包括人员经费、公用经费和社会保障支出；后者用于基础设施建设、固定资产购置、物资储备、大型修缮等方面，主要包括基本建设和其他资本性支出。

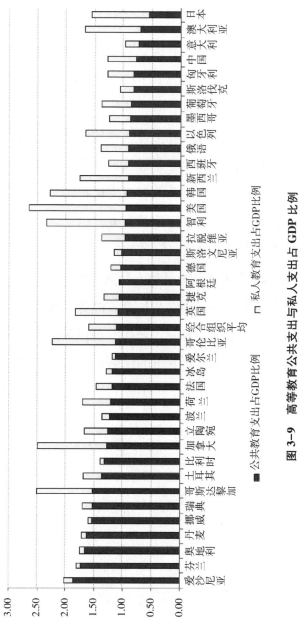

图 3-9　高等教育公共支出与私人支出占 GDP 比例

　　本研究通过对各国各级教育经常性支出占公共教育支出的比例进行统计，结果见图 3-10。各国各级教育经常性支出占公共财政教育支出的比例总体处于 80% 以上。以各级教育经常性支出比例来看，经合组织国家平均水平为 91.6%，欧盟 22 国平均值为 92.4%。对各级教育进行比较，除丹麦、芬兰、瑞典、冰岛和挪威外，其他国家都有一个共同特征，具体表现为初等教育和中等教育的经常性支出占公共财政教育支出比例，均高于高等教育经常性支出比例。以各国比值大小进行排序，初等教育经常性支出占公共教育支出比例排在前三位的有匈牙利、斯洛伐克和英国，排在后三位的有爱沙尼亚、印度尼西亚和日本。高中教育经常性支出比例排在前三位的有奥地利、意大利和英国，排在后三位的有爱沙尼亚、立陶宛和土耳其。图 3-11 显示了各国高等教育经常性支出与资本性支出结构比例，高等教育经常性支出占比在 90% 以上的有丹麦、芬兰、瑞典、英国、美国等国家。而我国高等教育经常性支出占公共财政教育支出的比例为 73%，低于经合组织国家平均水平（89%）。

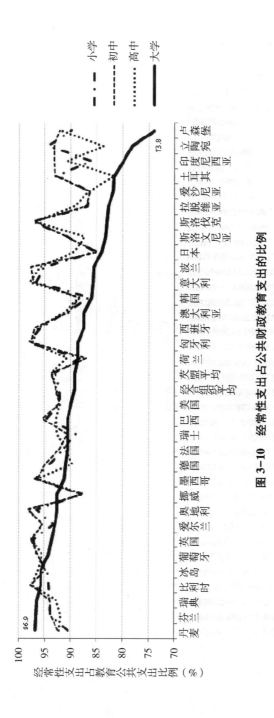

图3-10 经常性支出占公共财政教育支出的比例

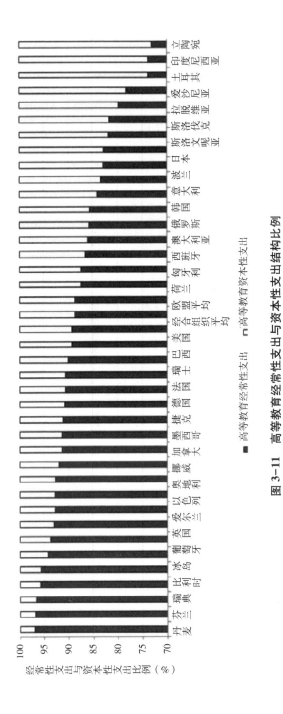

图 3-11 高等教育经常性支出与资本性支出结构比例

（四）人员经费与研发经费支出结构及差异比较

从教育经常性支出范围和列支内容来看，主要包括人员经费、公用经费和社会保障支出，其中人员经费占据较高的份额。基于此，本研究通过对各国高等教育和中等教育人员经费占经常性支出的比例进行统计，结果见图3-12。在中等教育阶段，除中国、芬兰、瑞典、爱沙尼亚、斯洛伐克和阿根廷外，人员经费占经常性支出比例大致分布在70%~90%之间。以比值大小进行排序，排在前五位的国家分别为阿根廷、墨西哥、比利时、卢森堡和瑞士，其中比值最高的是阿根廷，其人员经费占经常性支出比例达到93%；排在后五位的国家分别是中国、芬兰、瑞典、爱沙尼亚和斯洛伐克，其中比值最低的是中国。我国人员经费占经常性支出比例为57%，比经合组织国家平均水平低20个百分点。

在高等教育阶段，除印度尼西亚、中国、斯洛伐克、匈牙利和阿根廷外，人员经费占经常性支出比例总体分布在60%~80%之间。以比值大小进行排序，排在前五位的国家分别为阿根廷、巴西、法国、比利时和丹麦，其中比值最高的是阿根廷，人员经费占经常性支出比例高达98%；排在后五位的国家分别是日本、匈牙利、斯洛伐克、中国和印度尼西亚。其中比值最低的是印度尼西亚，其人员经费占经常性支出比例仅为31%。值得关注的是，我国高校人员经费占经常性支出的比例为35%，比经合组织平均水平低32%。除人员经费以外，研发经费也是高等学校公共财政支出的重要组成部分。图3-13绘制了各国高校的生均研发支出水平及其占生均总支出的比例。在不同经济发展阶段的国家，生均研发支出水平及其结构比例有着较大差异。

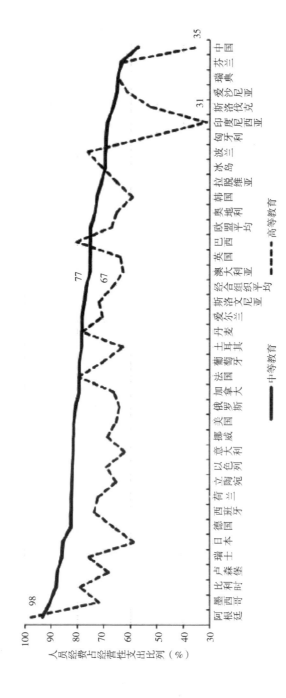

图3-12 人员经费占高等教育和中等教育经常性支出的比例

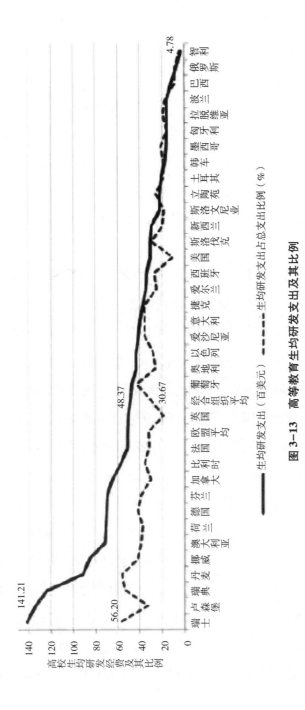

图 3-13 高等教育生均研发支出及其比例

各国高校生均研发支出最高的为 14121 美元，最低的为 366 美元，生均研发支出占生均经费比例介于 4.78%~56.20% 之间。其中排在前五位的国家分别是瑞士、卢森堡、瑞典、丹麦和澳大利亚，排在后五位的分别是智利、俄罗斯、巴西、波兰和拉脱维亚。高校生均研发经费最多的是瑞士，为 14121 美元，生均研发经费最低的国家是智利，为 366 美元。生均研发支出占生均经费比例最低的也是智利，约占4.78%，其次为俄罗斯，约占生均经费的 8.8%；生均研发支出占生均经费比例最高的是瑞士，高达 56.20%，其次为丹麦，约占生均经费的 55.5%。

从经合组织国家平均水平来看，生均研发经费平均值为 4837 美元，约占生均经费（15772 美元）的三分之一。

对比不同经济发展水平的国家，可以看出，各国高校研发经费投入呈明显差距：生均研发经费较高的国家，如瑞士、德国、芬兰等发达国家，其经济发展水平较高；而生均研发经费较低的国家，如智利、巴西、墨西哥等发展中国家，其经济发展水平相对偏低。因此，要增强我国高等学校自主研发能力，应注重加大高校研发经费投入，大幅提高研发支出比重，对生均研发支出过低的高等学校进行结构性调整，为我国建成高等教育强国创造有利条件。

最后，从接受高等教育劳动力占总体劳动力比例来看（如图 3-14），我国法定劳动力（25~64 岁）中受过高等教育的约占总体的10%，其中年龄在 25~34 岁之间的年轻劳动力受过高等教育的比例为18%，年龄在 55~64 岁之间的年长劳动力受过高等教育的比例为3.6%。虽然我国受过高等教育的劳动力人口总量达到 7409 万人，这一规模仅次于美国（7415 万人），但相对于经合组织国家平均水平而言，

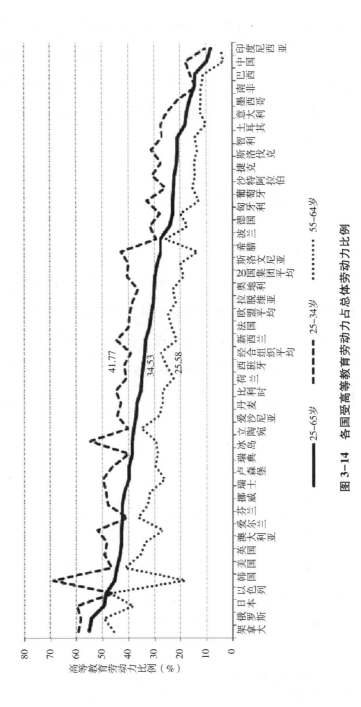

图3-14 各国受高等教育劳动力占总体劳动力比例

我国高等教育劳动力比例相差近 25%，成为当前我国高等教育转型发展迫切需要解决的重要问题。因此，在加大我国高等教育经费投入的同时，应继续稳步扩大高等教育规模，不断提升高等教育质量，为我国经济转型提供强大的人才支撑和智力保障，这是未来中国迈向人力资源强国的必由之路。

三、国外教育投资来源

教育领域的市场化浪潮在西方国家也发生过。第二次世界大战之后，主要是从 20 世纪 60 年代开始，西方发达国家的高等教育也经历过大幅度扩张过程，高等教育由精英化逐渐转变为大众化。这主要是因为办学经费高涨，加之战后的婴儿潮，各国政府无力独自承担。因此，早在 20 世纪 60 年代，发达国家高等教育的融资渠道就呈现出多元化、市场化、社会化的趋势。[①]

（一）国家拨款出现了"市场化"倾向

"二战"后，各国看到教育发展对于社会进步和居民素质提高的作用，并考虑到战争对国民经济的摧毁，开始将高等教育视为促进经济发展的重要手段之一，这既包括教育对人的改造作用，更包括人力资本对国家长远发展的促进作用。政府拨款成为高等教育经费的主要来源，以发达国家的高等学校政府拨款所占经费的比重为例，法国部属院校占 89.5%，德国大学占 68.5%，英国大学占 55.0%，美国的公

---

① 李翔.经济转型期中国高等教育投资及其效率研究［D］.大连：东北财经大学，2014：48-49.

立大学占 59.3%、私立院校占 18.4%。① 但随着经济的发展和民主意识的增强，人们对高等教育的需求在世界各国都有所增强。政府对高等教育的投资形式和结构比例都发生了一定的变化，但每个国家因为自身的经济体制、政治体制和文化传统不同对教育发展的态度和所采取的支持策略有所差异。

第一种就是为了让政府财政拨款能发挥更高的效率，不少国家改变了拨款的方式和拨款的依据，代表国家是荷兰、芬兰、美国、英国。这些国家替代原有直接投入、集中拨款，转为间接的依据产出拨款和分散形式的拨款。荷兰政府根据教育培养的结果拨款鼓励学校选择表现优异的学生，以改善学生的流动；芬兰则更为具体地根据应届毕业生数目决定拨款数额；美国的州政府则根据学校的绩效和相关成就指标采取稳步的间接拨款，一部分经费的拨付是通过大学的研发项目与合同签约项目的资助来实现；英国的拨款采取组合形式，是以标准费用为基础的教学拨款与以水平为标准的科研拨款相结合的分散拨款。

第二种是通过中介机构拨款模式，如英国、苏格兰的高等教育基金委员会、教师培训局和美国某些州的高等教育管理委员会或协调委员会。这些机构严格审核和控制高等学校拨款的预算和使用情况，也设立一些基金和项目间接拨款给学生。例如，加拿大政府设立学生贷款项目，英国设立奖学金、学生贷款、助学金、免学费救济金等，法国大学基本不收学费，学生只交纳少量的保险费和互助金，主要由国家设立奖项，获得奖学金的比例在 20% 左右。②

---

① 曲恒昌. 市场经济与我国高教经费筹集的原则与途径［J］. 北京师范大学学报（社会科学版），1994（2）：68-79.

② 许长青. 公立高等教育筹资市场化、国际比较的观点［J］. 中国矿业大学学报，2005（1）：35-40.

第三种是针对学校扩展的增量拨款。政府会根据学校新增的专业、项目或扩招的学生数，按照一定的比例和支出费用配以相应的增量拨款。这种方式迎合了 20 世纪 60 年代以后发达国家高等教育的扩张性发展，在相当程度上满足了迅猛增加的高等教育需求。但是到了90 年代，不少国家发现了这种拨款方式的弊端，容易使学校领导者形成只有在教育经费增加的情况下才能更好地发展学校的观念，进而忽视了教学质量和教育效率问题，更难以调动教育主体的积极性和主动性，因而渐渐被公式拨款和合同拨款所取代。

第四种是针对学生个人的助学贷款及其相关组合。欧洲不少国家通常采取无偿助学金的模式来资助家庭困难的大学生完成学业。而加拿大、美国、瑞典等国则采取无偿助学金、银行贷款的混合形式，鼓励学生的自主性和减轻政府的财政负担。也就是说，美联邦政府的高等教育拨款主要流向奖学金、助学金和贷学金项目，只有对特别贫困生和少数民族学生直接进行资助，且比例很小，而这笔经费也可以通过高校统一拨付给受管理的学生。同时，美国各州政府也会对州立大学和私立大学学生进行不同程度的资助，针对私立大学的经费投入主要是以助学金或奖学金的形式出现。

第五种是旨在增强竞争能力的合同拨款。这种形式主要被应用于科研经费的分拨中，多采取招投标的方式。法国于 20 世纪 80 年代最先应用这种教育拨款模式。而后丹麦、荷兰、英国等国家先后采用。在严格的程序和相关法律基础的前提下，允许高校内部或政府组织相关部门进行评估，增进了政府与大学之间的交流和沟通。

第六种是针对学科，特别是劳动力市场短缺或正在兴起的领域，这种拨款形式在澳大利亚最为典型。澳大利亚政府认为高等教育的改革不仅是增加投资的问题，更应该寻求更好的资金管理和使用模式。澳大利亚政府替代原有的整笔拨款，实行了针对联邦课程经费的专项拨款，接受拨款的高等教育供给者与政府达成协议，规定资助的科目和数量，并且每年都重新进行商议，根据市场需求和家庭收入情况制定优先发展项目，满足未来实用化主义的需要。

（二）依靠社会力量办学

经过多年的发展，西方发达国家高等教育领域已经形成了政府和市场共同作用的良性互动机制。高等院校的招生和课程设置虽然在一定程度上受到政府的限制，但是学校出于自身声誉、自身可持续发展的角度，十分注重对未来经济科技发展趋势和市场化人才需求的分析，明确和及时调整办学方向及专业设置。同时，高等学校经费的来源呈现多元化，政府拨款占教育投资的比例逐渐缩小，学费、社会捐赠和高校产业创收、合作开发收入所占比例日益增加。不少西方的高等教育专家认为，"保持多种经费来源，以鼓励各校在一个更加开放的市场中为取得经费而竞争"，从某种程度上更有利于高等学校自身发展效率的提高。

在欧美等发达国家，高等学校的多元化筹资办学成为主流。其中，以英美最为典型。在英国的高等学校有专门设立的拨款委员会，主要是由这个机构拨付政府的补助经费，占学校总收入的40%左右；其次是学杂费，占到总收入的20%；捐赠与社会投资、研究补助或者科研合同等收入占到总额的20%之多；剩下的是其他来源收入，占最后的20%。相比之下，由学生自主承担的学费占学校总收入的比例就比较小。不过，值得注意的是，在英国也存在类似于中国重点院校的情况

（中国北京大学、清华大学的主要投资源自国家财政，并占到国家向高等教育领域拨款的近五分之二）。例如，牛津和剑桥两所大学的经费来源比较特殊，不过它们各学院的教育经费主要来自社会的捐赠和资助，而非国家财政直接拨款。这类捐赠还往往带有附加条件，要求相关院校要实现某种技术创新或者专利发明等。可以说，该种模式在筹集到资金的同时，也保证了经费使用的效率。此外，英国各个大学还积极开展国家交流活动，扩大国际招生，通过留学生的学费增加补充教育经费。

　　同样，美国高等学校的经费来源也十分多样，也有公立大学和私立大学之分。公立大学的经费有很大一部分来自政府拨款，私立大学则相对少得多。这种财政拨款又进一步分为联邦、州和地方三级不同的拨款。通常来说，联邦政府的拨款会占到高等教育经费的 12% 左右，州和地方政府次之。此外美国对大学的社会投入也较多，这里不仅涉及教育培训类的服务收入，还有大笔的捐赠和产学研收入，占到学校总收入的 20% 以上。与英国相对不同的是，美国的学杂费收入也是高等学校的重要经费来源之一，它由美国家庭自己承担，但也会有助学贷款和奖学金作为辅助。总体来说，美国高等教育的财政拨款和社会投资的相对比例大致为 37.8∶62.2，中国这两类的比例则相反，财政拨款相对较多，社会投资相对较少，基本维持在 53.7∶42.7 的水平上。其他发达国家，例如日本、法国等高等教育的社会投入也是十分多样的，既有科技发明收入，也有产学研转化和捐赠投入。

　　不过，发达国家私立大学的其他经费收入占比相对较多，特别是社会的捐赠收入。例如，美国高等教育中仅捐赠来源就可占到学校全部经费来源的 8%，且学费征收水平也要比公立大学高。相比之下，中国高等学校来自社会的投资，特别是法人捐赠的比例就非常小了。当然这与社会经济发展水平有关，也与社会税收和捐赠体系密不可分，更重要的是捐赠者对经费使用效率的预期估计。

（三）收取学费

除了在上文已经提到的政府财政拨款和社会捐赠外，各国高等学校还会收取学费，但是比例不同。英国的高等学校对本国学生采取保护和鼓励就学的态度，所以学生的学费占教育经费的比例很小，具体数额由政府决定，但65%的学生能够得到学校的全额奖学金以维持日常的生活费用，同时地方政府也会提供一定额度的奖学金，不过外籍学生的学费就相对较高。总体来看，英国高等学校的学费及相关教育经费只占整个高等学校收入来源的20%。在十分重视高等教育的德国，无论是本国学生还是外国学生都不需要缴纳学费或者注册费、考试费类似的费用，但所有学生必须对大学公共设施做出一定的贡献。在法国，大学一、二年级的学生通常需要缴纳数额不大的注册费，但享受助学金的学生不包括在内，注册费的具体数额根据学生所学的课程和学校的不同有所差别。日本的国立高等学校学费则相对复杂，有听课费、入学注册费和鉴定费三部分，国家统一规定收费标准。而其私立大学除了上述三项收费外，还包括设备使用费，所以在私立大学接受教育所要支付的费用也就比公立大学高很多。不过，美国高等教育的学杂费则根据学校性质的不同具有较大的差别。相比之下，由于公立高校接受政府拨款多，所以学杂费比私立高校低，在高校经费来源所占比例上维持在20%左右，而学费在私立高校的经费来源中却占有四成之多，是第一来源。

第三节　启示

从大学建制、教育投资的来源和拨款方式的变化可以看出，发达国家每一次教育改革都是以经济效率的改善和社会福利的提高为目的。20世纪80年代以来的市场化改革，虽然程度不同，但引入价格和竞争机制来提高教育供给弹性是不争的事实。中国政府出于对财政支持能力的考虑和高等教育需求的预测会相应地调整高校投资策略和投入力度，例如削减开支、扩大招收海外学生、调整资金分配结构等，同时，完善现有拨款制度，提高资金使用监管。可以说，这种趋同的倾向与战后政府失灵引起的政府再造运动有关，提倡建设灵活的服务型政府，在全球化背景下突出工作安排的经济（economy）、效率（efficiency）与效能（effectiveness），以维护和抬高自身在世界范围的市场能力。

高等教育是政府公共服务领域里很重要的部分，在服务型政府建设的过程中，高等教育的管理体制和管理方式也发生了变化。政府在教育领域更加侧重制度与规则的建立和维护，强调良好的社会氛围和市场秩序，赋予高等学校自身更多的自由决策空间，转而侧重提供经费支持、服务咨询的辅助功能。高等学校则是依据规章制度管理事务。随着高等学校投资主体的多元化，过去政府独大的管理模式及缺乏监督和竞争的发展机制逐渐被摒弃，提倡政府、社会、家庭和学生本身都参与到高等学校建设和制度完善过程中。这种多元化的发展模式，不仅有利于减轻政府的负担、弥补政府力量的不足，还能够在相当程度上提高政府管理高等教育事业的效率。① 具体来说，有以下几点有益启示。

1. 高等教育的需求随着经济的增长和人们意识的觉醒会呈现出一段快速增长的时期，教育体系中以政府财政拨款为主的教育经费构成模式必将走向多元化趋势。这是解决教育经费短缺和提高高等教育效率的有效方法。

2. 根据国民经济实力和各国对高等教育的需求程度，在高等教育领域适当引入市场机制，根据不同专业、层次和课程，通过价格调节高等教育的学费标准，具有一定的可行性，但是收费标准应由政府监管，杜绝忽视公平、过分逐利现象。

3. 鼓励高等学校发挥自身能动性，开展校企合作和产学研交流，以各种教育服务的形式引入社会流动资金，培育良好的教学声誉，吸引企业、社会团体和相关组织的捐赠和监督，提高资金使用效率。

4. 加强政府和捐赠机构对高等教育机构资金使用的监管，也可以通过第三方机构对高等学校进行监督和审核，同时提高学校管理者的成本管理意识和管理水平。

5. 根据各地区不同情况，建立有差别的助学贷款机制和体系，完善地方法律法规，在组织机构和制度上保障教育经费来源和促进教育公平的实现。

---

① 龙献忠. 论高等教育治理视野下的政府角色转变［J］. 现代大学教育，2004（1）：74-77.

第四章　中国高等教育投入现状

第一节　高等教育投入结构演变

在中国，教育归属权的发展历经千年，社会的教育和国家的教育一直交错发展。最早可以追溯到春秋战国时期诸子百家的私学私塾。虽然在秦汉时期，国家教育经过了多年的发展和巩固，但"官私"分立的局面没有根本改变，社会教育和国家教育互为补充。而发端于唐宋时期的古代书院则象征了中国社会教育的高峰。到了宋朝之后，不少私塾官办化，但在晚清民国期间又有不少仁人志士兴办社会教育，私立学堂得到了短暂的快速发展。相应地，近代中国高等教育投资的体系相对波折，经历了大致以下几个阶段①。

---

① 李翔. 经济转型中国高等教育投资及其效率研究［D］. 大连：东北财经大学，2014：53-55.

一、政府独立投资阶段

中国高等教育起步比较晚，1898 年京师大学堂的建立标志着我国高等教育的正式开始，但这一时期的高等教育经费完全是由政府投资拨款的，是真正意义上的免费教育制度。在 1898—1905 年，即使是学生的学费和奖学金等都是由政府独立承担。

二、政府投资与私人家庭共同承担阶段

1906 年，当时中国（"中华民国"）经济情况开始每况愈下，战火连年，政府无力再承担高等教育的连年投资，在不取消高等教育机会的前提下，开始推行学生缴费上学。除了个别优秀的学生享受全额奖学金外，其余实行有偿的制度。1912 年，当时的国家教育管理部门公布了《学校征收学费规程》，一共 16 条，详细说明了高等学校收费的规定。在随后的二三十年，一些私立的高等学校开始受到社会的捐赠和教会的补贴，可以说，高等教育的投融资方式逐渐复杂起来，朝着多元化的方向发展。这种状态一直持续到 1948 年，中华人民共和国成立前夜。

三、中华人民共和国成立后的计划"公益性"的投资体制

1949—1977 年，中国发展面临着内忧外患的局面，举全国之力巩固中华人民共和国成立成果。因此，实行的战略是全面的国有化，集

中资源统一安排解决国家发展大事，推行"企业办社会""学校办社会"等以厂为家、以校为家的经济发展方式。在教育领域也强烈地渗透着政府的力量，此阶段是国家教育权独大的时期，已有的私立学校经过裁撤和整顿全部变成公立，进行社会主义改造，其他社会力量办学基本都划归政府势力范围内。高等学校发展的资金来源是财政"基数加发展"的拨款方式，即以上一年的实际支出为基数，考虑到各种发展和相关影响因素，确定下一年政府投资给高等院校的经费。这一时段的高等教育实质上也是一种免费的形式，受教育者上大学是没有任何开销的，由国家统一出版教材，进行全国考试，相应的学科设置和人才培养计划也由政府相关部门确定。整个教育系统的运行和管理模式都属于计划经济的生产模式，是一种在国家神话笼罩下国家与教育高度一体化的教育体制。[①] 这一阶段的高等教育发展也是以服从中央政府和国家利益为前提，社会的教育权被取消，呈现出典型的政府性垄断特征和公共产品性质。

四、以政府财政为主、市场经济为辅的投资方式

1978—1984 年拨乱反正，是恢复和整顿的阶段。经过 30 年的计划经济发展，高等教育的公有化改造基本完成，中华人民共和国成立初期的私立学校基本销声匿迹。1978 年十一届三中全会提出将工作中心转移到经济发展上来，并恢复高考；20 世纪 80 年代初期开始实施商品经济，社会私人力量参与国民经济建设初现端倪。在高等教育领

① 徐纬光. 社会形态、政治权力和教育体制——当代中国教育体制改革的逻辑［J］. 复旦教育论坛，2004（2）：21-25.

域，《高等学校建立学校基金和奖励制度试行办法》得以颁布，国家成立了高等学校基金制度，并规定高等学校对基金具有自主支配权。高等教育投资来源不再是政府独揽，除了国家财政性投入外，还有学杂费、社会捐赠和集资办学的形式出现，但这只是教育基金非常少的一部分。同时，办学主体也不仅仅是政府或者事业单位，还出现了不少社会团体和公民个人办学作为补充。教育领域的经济思潮也就是从此阶段兴起，教育也可以成为市场经济下的一种产物。家庭对于学校的选择权也出现松动，民众择校意识增强，将教育看成一种商品进行买卖的行为开始出现。社会对教育认识和需求的改变助推教育领域的改革。1985 年，《中共中央关于教育体制改革的决定》提出，要建立与社会主义商品经济相适应的教育体制，大力推进社会力量办学。

至此，随着经济改革开放的逐渐渗透和社会意识的全面改造，中国教育领域发生了价值观层面上的改变，"投入产出"概念进入政府主管部门和高等学校的视野，高等教育的准公共品属性开始显露。

五、市场力量回归、迅猛发展阶段

经历过高考取消、恢复和大幅改革后的中国教育领域在 1985 年正式迎来了全面改革时期，提高资金使用效率成为教育发展的新目标，政府财政拨款也不再是直接拨付，而改成"综合定额+专项补助"的形式。其中，综合定额是根据在校学生人数保证总量供给，而专项补助则是依据不同学校的差异化经营推出的具有针对性的专款专用。同时，社会力量办学处于快速成长期，真正成为国家举办教育的一个有利补充，取得了相当成就。而进入 20 世纪 90 年代后，这股社会力量更加迅猛地渗透到教育领域，特别是在 1992 年中共十四大明确中国经济体制改革目标后，教育与其他领域一样，成为可以纳入市场经济体制的领域。理论界也对教育属性展开激烈的争论，高等教育的发展更是被看作可能与经济增长密切相连的重要问题。

1989 年，高等院校收费开始恢复。国家出台明文规定明确上缴学杂费和住宿费的要求，并将收入直接以财政性资金形式转入学校基金，不允许截留、调剂，但存在计划内招生和计划外招生的区别，前者缴纳的学费低，后者则缴纳相对较高的学费，大大增加了高校资金的来源和自主分配权、使用权。1992 年国务院颁发《关于加快发展第三产业的决定》，明确将教育列为第三产业，而且是"对国民经济发展具有全局性、先导性影响的基础产业"。此后，国内还兴起了一股兴办校办工厂的热潮，对校办工厂实行税收减免和企业周转金等优惠制度，大力促进了它的发展。而校办工厂的发展也为高等院校的发展储备了大量的资金，据不完全统计，1997 年全国校办产业、社会服务收入用于教育的支出就达 99 亿元。教育领域的时间活动在国家立法上也有了一定的体现，1995 年全国人大第八届三次会议，从法律法规的角度明确了教育领域财政拨款为主、其他渠道共建的筹资模式。

在有了法律的保障之后，1997 年全国各地的高等学校收费制度先后恢复，学校不再有自费和公费的区别，全面实行收费制度。1999 年，我国高等教育实施了大规模的扩招政策。与此同时，在高等教育投资来源上也发生了本质性的变化，由于高校独立法人实体地位的明确和民办教育如火如荼的发展，许多高等学校可以到金融机构或社会上进行直接或者间接的融资，自筹资金和外来资金比例已经超过了国家财政拨款的部分。此时也是亚洲金融危机发生的时期，以出口和代工为主的国民经济受到了一定的打击，因此，与教育相关的产业成为许多学者和民众所认为的新的经济增长动力。校企合作、校校联合、高校合并体现了多种形式的办学模式，除了学杂费标准提高之外，高等教育领域强调建设国际大型高等学府，以通过优势互补提高办学效率和知名度。2001 年以后，我国的投融资制度和当前的状况基本一致。

不过，这一阶段教育领域的大幅改革和社会教育权的全面释放，已经在一定程度上体现了政府和国民对教育基本属性的重新认识，不再仅仅强调教育与市场经济的融合与适应，而是将重点放在了教育本身对经济增长的带动上。21 世纪的教育发展以"建立起比较成熟和完善的社会主义教育体系，实现教育的现代化"为主要目标。落到实处则是将政府大包大揽的国民教育逐步转向以政府为主，家庭居民户、社会团体和有识之士共建的模式。在学界，教育产业化、市场论、商品化的争论成为焦点，越来越多的研究开始尝试从经济理论的角度解读教育和高等教育的发展，也促使了教育经济学的诞生。在高等教育发展实践中，也出现了不少民办高校，而围绕大学教育的各类课程辅导和考研培训班也以市场化的形式运作，成为教育产业的重要内容；基础教育领域也进行了公立学校转制、择校、教育权等改革的尝试。国家教育权和社会教育权在此阶段百花齐放，教育的市场属性还曾一度超过公益属性，但相应的体制改革停滞也助推了官本位、行政化价值在教育领域的回潮。经过后来的实际发展印证，高等教育过分地强调市场经济成分还是付出了相当的成本代价。

六、教育公平回潮，提倡政府责任阶段

2003 年至今，是贯彻落实科学发展观，促进教育公平的时期。教育产业化的一个严重后果就是高等教育的逐利性凸显，20 世纪 90 年代中后期的高等教育改革从起初的多赢局面，迅速转变成影响社会公正的重要问题，随之而来的教育投资扭曲和社会资源在教育领域的过度争夺，大大降低了社会整体福利，并引起了群众的不满。高等教育发展在单纯追求经济利益的同时，并未产生预期的效果，虽然中国政府没有明确提出教育产业化的观点，但是将教育划归第三产业的做法相当于默认了教育的产业化。这种做法的弊病是将教育完全看成一种没有区别的商品，抹杀了教育的公益性属性。在经济学研究中，公共产品的使用和分配如若没有外界的干预和规制的话，则存在广泛的市场失灵问题。其在存在"搭便车"行为的同时，还面临着资源使用低效的局面。因此，教育市场化改革引发出一系列社会争议后，中国政府和社会认识到了国民教育所具有的公益性特征，特别是在义务教育领域，教育的公共产品属性远远大于私人产品属性。在非义务教育领域虽有引入市场运作的必要性，同时还要做好教育公平的处理，否则就会影响教育的发展大局和整体效率。

总而言之，中华人民共和国成立以来的教育改革历程大体反映了国家观念和社会逻辑的调整过程，即从国家包办社会、垄断教育，到开始关注社会需要、关注市场的因素。这里以社会经济生活的主要变迁来说明教育属性的演变。

第二节 中国教育投资历史和高等教育投资演变

一、中国教育整体投入比例

教育投资比例反映一国政府对教育的重视和扶持力度。特别是在"二战"后政府主导型的教育发展体系形成后，各国都以政府财政投资为主积极发展国民教育。长期以来，由于我国人口众多，发展起点低，教育领域的投资一直维持在3%以下的水平。近些年，随着国民经济的快速增长，中国的国际地位得到了一定的提高，相应需要承担的国际责任也随之增多。因此，经费的支出结构和用途也就有所不同，对社会事业中暴露的诸多困难也就有所倾斜。不过，2009年我国的教育支出占国内生产总值的比例为3.06%，远远低于世界4.5%的平均水平。

其实，早在1986年，以厉以宁、王善迈为首的几位学者做了一份名为"教育经费在国民生产总值中的合理比例研究报告"，计算出当人均达1000美元时，公共教育支出国际平均水平应为4.24%。据此，1993年，我国颁布的《中国教育改革和发展纲要》中就提出"逐步提高国家财政性教育经费支出占国民生产总值的比例达到4%"[①]，并强调"中央和地方政府教育拨款的增长要高于财政经常性收入的增长，

---

① 教育部，国家统计局. 2004年全国教育经费执行情况统计公告［J］. 教育发展研究，2006（1）：84-87.

使按在校学生人数平均的教育费用逐步增长，切实保证教师工资和生均公用经费逐年有所增长"。多年来，中国教育财政投入占的比例问题一直是"两会"代表必提的议案，但直到2012年我国教育经费支出才实现历史性的跨越。

在我国，教育的公共投资是由中央政府和地方政府共同完成的，其中地方财政教育投资所占的比例在85%以上，是教育投资的主要部分，负责基础教育。中央重点支持中西部地区，适当兼顾东部部分困难地区，办好重点大学、重点学科，保证优秀人才的培养经费。2007年以来国家的财政预算、政府性基金预算用于教育的支出呈现快速增长态势。2012年，我国国家财政性教育经费（主要包括公共财政预算教育经费，各级政府征收用于教育的税费，企业办学中的企业拨款，校办产业和社会服务收入用于教育的经费等）占国内生产总值的比例终于实现了4%的目标，接近世界平均水平。

表4-1　2003—2019年教育投资占国内生产总值的比例

年份	2003	2004	2005	2006	2007	2008	2009	2010
教育投入（亿元）	2937	3366	3975	4780	7122	9010	10438	12550
比例	2.16%	2.12%	2.15%	2.21%	2.68%	2.87%	3.06%	3.13%

年份	2011	2012	2013	2014	2015	2016	2017	2018	2019
教育投入（亿元）	16497	22236	24488	26421	29221	31396	34208	36996	40047
比例	3.49%	4.28%	4.16%	4.15%	4.24%	4.22%	4.16%	4.02%	4.04%

数据来源：2003—2011年数据由《中华人民共和国年鉴2012》整理计算得出；2012—2019年数据由《2012—2019年全国教育经费执行情况统计公告》及《中国统计年鉴》的数据整理计算得出。

自 1992 以来，国家财政性教育经费在全部经费的比重呈现一个下降的趋势，虽然 2006 年有稳步上升的趋势，但是整体比例仍是走低的趋势。相比之下，以学杂费为主的行政性事业收费则上升较快，达到 20%以上。社会捐赠经费和民办学校办学经费则出现下降趋势，二者都由原来的接近 10%下降到 0.55%和 0.54%。[1] 所以，社会办学力量，特别是像发达国家主要的教育投资来源在我国还没有发展起来，而现有的一些市场化经营的教育机构也的确存在诸多问题，这与国家对教育领域市场化部分的管理和规制体系不完善有一定关系。

二、各类教育投入结构对比

教育结构即教育纵向系统的级与级之间的比例关系和相互衔接，以及教育横向系统的类与类之间的比例关系和相互联系。教育投入结构主要包括：教育的纵向投入结构和教育的横向投入结构。前者是指在教育不同类别上的投资，后者则是指同一类别不同地区的教育投资。

（一）纵向投入结构

从世界主要国家的教育历史和现状看，教育的纵向投资结构首先呈现出"金字塔"的形状，即大、中、小学的教育投资依次递减。但由于各个国家的发展水平不同，所以在这三个领域上，资金分配的比率和学生人均费用也会存在一定的差别。随着各国产业结构的调整，教育领域的投入重点逐渐转向中等教育、高等教育，而发展中国家则

---

[1] 李翔．经济转型期中国高等教育投资及其效率研究［D］．长春：东北财经大学，2014：58.

一直保持着在初等教育的大规模投资，中等教育次之，然后是高等教育。其次，教育经费开支及其所占比重随着科学技术和社会经济发展水平的提高而提高，不过在高等教育领域发展中国家的投资一般低于发达国家。再次，社会对劳动者的文化水平、专业技术水平的要求也不断提高，公共教育投资越发向高等教育倾斜，各领域间生均教育投资额的差距随着总体收入水平的提高而缩小。

2000 年以后，我国各级各类教育投资都保持了快速增长的趋势，小学、中学、中等职业教育和高等教育的投资比例没有本质性的变化，四类教育间的投资差距逐渐缩小，特别是小学、中学和大学依然保持着以基础教育为主的财政性经费投入结构。下面以 2019 年为例进行说明。

2019 年，全国教育经费总投入为 50178.12 亿元，比上年的 46143.00 亿元增长 8.74%。其中，国家财政性教育经费（主要包括一般公共预算安排的教育经费，政府性基金预算安排的教育经费，国有及国有控股企业办学中的企业拨款，校办产业和社会服务收入用于教育的经费等）为 40046.55 亿元，比上年的 36995.77 亿元增长 8.25%。[①]

2019 年全国一般公共预算教育经费（包括教育事业费，基建经费和教育费附加）为 34648.57 亿元，比上年增长 8.30%。其中，中央财政教育经费 5322.32 亿元，比上年增长 6.28%。

2019 年全国幼儿园、普通小学、普通初中、普通高中、中等职业学校、普通高等学校生均一般公共预算教育经费增长情况如下。（1）全国幼儿园为 8615.38 元，比上年的 7671.84 元增长 12.30%，其中增长最快的是广东省（31.28%）。（2）全国普通小学为 11949.08

---

① 关于 2019 年全国教育经费执行情况统计公告［Z］. 2020-10-23.

元，比上年的 11328.05 元增长 5.48%。其中，农村为 11126.64 元，比上年的 10548.62 元增长 5.48%。普通小学增长最快的是广东省（9.80%）。（3）全国普通初中为 17319.04 元，比上年的 16494.37 元增长 5.00%。其中，农村为 15196.86 元，比上年的 14634.76 元增长 3.84%。普通初中增长最快的是陕西省（14.50%）。（4）全国普通高中为 17821.21 元，比上年的 16446.71 元增长 8.36%，其中增长最快的是西藏自治区（23.51%）。（5）全国中等职业学校为 17282.42 元，比上年的 16305.94 元增长 5.99%，其中增长最快的是青海省（36.46%）。（6）全国普通高等学校为 23453.39 元，比上年的 22245.81 元增长 5.43%，其中增长最快的是新疆维吾尔自治区（28.11%）。

2019 年全国幼儿园、普通小学、普通初中、普通高中、中等职业学校、普通高等学校生均一般公共预算教育事业费支出情况如下。（1）全国幼儿园为 7884.00 元，比上年的 6896.28 元增长 14.32%，其中增长最快的是广东省（30.13%）。（2）全国普通小学为 11197.33 元，比上年的 10566.29 元增长 5.97%。其中，农村为 10681.34 元，比上年的 10102.94 元增长 5.73%。普通小学增长最快的是上海市（12.12%）。（3）全国普通初中为 16009.43 元，比上年的 15199.11 元增长 5.33%。其中，农村为 14542.23 元，比上年的 13912.37 元增长 4.53%。普通初中增长最快的是广东省（12.52%）。（4）全国普通高中为 16336.23 元，比上年的 14955.66 元增长 9.23%，其中增长最快的是辽宁省（20.87%）。（5）全国中等职业学校为 15380.52 元，比上年的 14200.66 元增长 8.31%，其中增长最快的是辽宁省（26.88%）。（6）全国普通高等学校为 22041.87 元，比上年的 20973.62 元增长 5.09%，其中增长最快的是西藏自治区（40.51%）。

2019 年全国幼儿园、普通小学、普通初中、普通高中、中等职业学校、普通高等学校生均一般公共预算公用经费支出情况如下。(1) 全国幼儿园为 2711.44 元,比上年的 2431.70 元增长 11.5%,其中增长最快的是山西省(61.12%)。(2) 全国普通小学为 2843.79 元,比上年的 2794.58 元增长 1.76%。其中,农村为 2548.73 元,比上年的 2545.54 元增长 0.13%。普通小学增长最快的是天津市(11.62%)。(3) 全国普通初中为 4012.45 元,比上年的 3907.82 元增长 2.68%。其中,农村为 3513.97 元,比上年的 3460.77 元增长 1.54%。普通初中增长最快的是青海省(21.73%)。(4) 全国普通高中为 3945.1 元,比上年的 3646.99 元增长 8.17%,其中增长最快的是青海省(71.68%)。(5) 全国中等职业学校为 5509.59 元,比上年的 5205.53 元增长 5.84%,其中增长最快的是贵州省(30.26%)。(6) 全国普通高等学校为 9162.17 元,比上年的 8825.89 元增长 3.81%,其中增长最快的是山东省(64.49%)。

2019 年全国一般公共预算教育经费占一般公共预算支出的比例为 14.51%,比上年的 14.48% 提高了 0.03 个百分点。2019 年全国教育经费执行情况详见表 4-2 至表 4-5。

表 4-2 2019 年一般公共预算教育经费增长情况

地区	一般公共预算教育经费（亿元）	一般公共预算教育经费占一般公共预算支出比例（％）	一般公共预算教育经费本年比上年增长（％）	财政经常性收入本年比上年增长（％）	一般公共预算教育经费与财政经常性收入增长幅度比较（百分点）
北京市	1125.36	15.19	10.25	-1.15	11.40
天津市	466.81	13.13	4.19	-0.24	4.43
河北省	1515.72	18.24	11.90	10.55	1.35
山西省	691.89	14.69	3.43	8.77	-5.34
内蒙古自治区	603.43	11.83	6.49	14.86	-8.37
辽宁省	704.28	12.26	7.74	-2.38	10.12
吉林省	497.16	12.64	-2.25	-10.67	8.42
黑龙江省	612.55	12.22	4.22	-1.56	5.78
上海市	959.38	11.73	7.80	0.80	7.00
江苏省	2200.58	17.50	7.85	2.51	5.34
浙江省	1758.08	17.49	12.16	7.26	4.90
安徽省	1219.37	16.50	9.71	4.20	5.51
福建省	965.86	19.02	4.55	0.95	3.60
江西省	1133.17	17.74	8.07	5.85	2.22
山东省	2154.96	20.07	7.68	0.10	7.58
河南省	1773.39	17.45	9.40	6.90	2.50
湖北省	1141.25	14.32	8.59	6.55	2.04
湖南省	1273.98	15.86	8.17	6.50	1.67

续表

地区	一般公共预算教育经费（亿元）	一般公共预算教育经费占一般公共预算支出比例（%）	一般公共预算教育经费本年比上年增长（%）	财政经常性收入本年比上年增长（%）	一般公共预算教育经费与财政经常性收入增长幅度比较（百分点）
广东省	3217.77	18.60	14.70	3.55	11.15
广西壮族自治区	1008.88	17.24	8.74	8.56	0.18
海南省	273.49	14.72	9.85	5.93	3.92
重庆市	730.28	15.06	7.58	-6.65	14.23
四川省	1594.00	15.40	8.44	2.48	5.96
贵州省	1061.57	17.85	7.90	0.82	7.08
云南省	1067.31	15.77	-0.20	4.71	-4.91
西藏自治区	261.58	11.96	14.22	1.59	12.63
陕西省	944.63	16.52	10.40	4.58	5.82
甘肃省	636.05	16.10	7.27	3.17	4.10
青海省	219.88	11.80	10.53	3.56	6.97
宁夏回族自治区	179.36	12.47	6.78	0.20	6.58
新疆维吾尔自治区	863.84	16.25	5.91	2.71	3.20

注：一般公共预算支出数据来源于《中国统计年鉴2020》。

表4-3 各级教育生均一般公共预算教育经费增长情况（1）

单位：元

地区	幼儿园			普通小学			普通初中		
	2018年	2019年	增长率（%）	2018年	2019年	增长率（%）	2018年	2019年	增长率（%）
全 国	7671.84	8615.38	12.30	11328.05	11949.08	5.48	16494.37	17319.04	5.00
北京市	44213.67	41612.72	-5.88	34056.72	37292.92	9.50	64382.26	66365.98	3.08
天津市	22372.10	23736.47	6.10	20497.47	20613.06	0.56	33842.15	34119.26	0.82
河北省	5547.86	6690.75	20.60	8829.12	9443.93	6.96	12621.51	13532.13	7.21
山西省	4206.97	5162.04	22.70	11139.29	11207.93	0.62	15401.42	15673.77	1.77
内蒙古自治区	11896.44	14037.92	18.00	14302.61	14809.79	3.55	18252.28	18692.30	2.41
辽宁省	5755.65	5759.30	0.06	10603.33	11258.39	6.18	15701.34	16731.89	6.56
吉林省	9157.52	10469.96	14.33	14404.53	14256.63	-1.03	18397.70	18527.10	0.70
黑龙江省	7291.53	8683.51	19.09	14446.62	14990.53	3.76	16506.77	17040.30	3.23
上海市	26984.46	30904.72	14.53	28044.14	30463.04	8.63	43477.80	45751.02	5.23
江苏省	7401.63	8414.59	13.69	13622.07	14229.53	4.46	23633.61	24079.54	1.89
浙江省	12953.04	14500.18	11.94	16369.99	17593.09	7.47	24024.75	25749.00	7.18
安徽省	5769.00	6788.42	17.67	10419.13	11167.92	7.19	16214.80	17306.31	6.73
福建省	8137.77	8879.32	9.11	11007.28	11192.60	1.68	18284.00	18285.57	0.01
江西省	9163.08	10280.09	12.19	9687.58	10455.93	7.93	12945.42	13756.37	6.26
山东省	4433.96	4874.31	9.93	10124.91	10512.20	3.83	16865.73	17162.67	1.76

地区	幼儿园			普通小学			普通初中		
	2018年	2019年	增长率（%）	2018年	2019年	增长率（%）	2018年	2019年	增长率（%）
河南省	3269.50	3788.54	15.88	6801.84	7423.51	9.14	10674.31	11326.29	6.11
湖北省	5574.05	6637.92	19.09	10597.83	11039.60	4.17	17439.10	18201.64	4.37
湖南省	4265.51	5397.32	26.53	8999.26	9473.98	5.28	13618.14	13903.61	2.10
广东省	4600.67	6039.55	31.28	12964.59	14234.73	9.80	19562.29	21688.02	10.87
广西壮族自治区	3813.83	4618.72	21.10	8363.60	8661.75	3.56	10874.68	11302.89	3.94
海南省	14976.05	16956.68	13.23	12815.16	13309.83	3.86	17904.66	18944.67	5.81
重庆市	6261.15	7985.21	27.54	12300.58	12993.00	5.63	16802.04	17521.32	4.28
四川省	6628.28	7977.88	20.36	10682.82	11128.87	4.18	14552.21	14972.07	2.89
贵州省	7992.63	8162.19	2.12	10842.93	11302.93	4.24	13021.59	13622.45	4.61
云南省	6840.44	6840.86	0.01	12088.65	11707.28	-3.15	14487.35	14284.70	-1.40
西藏自治区	25101.01	23753.48	-5.37	29613.96	30341.19	2.46	32803.37	36912.57	12.53
陕西省	10711.52	12169.96	13.62	12000.42	12961.78	8.01	17230.40	19728.08	14.50
甘肃省	7571.35	8649.82	14.24	11592.78	12070.48	4.12	14273.63	15143.77	6.10
青海省	8391.18	9468.70	12.84	15549.92	16313.88	4.91	19469.17	20466.46	5.12
宁夏回族自治区	8089.93	9616.63	18.87	10847.96	11179.68	3.06	14781.14	15024.62	1.65
新疆维吾尔自治区	8888.32	8330.45	-6.28	12962.26	13221.43	2.00	20368.47	21949.75	7.76

表4-4　各级教育生均一般公共预算教育经费增长情况（2）

单位：元

地区	普通高中			中等职业学校			普通高等学校		
	2018年	2019年	增长率（%）	2018年	2019年	增长率（%）	2018年	2019年	增长率（%）
全　国	16446.71	17821.21	8.36	16305.94	17282.42	5.99	22245.81	23453.39	5.43
北京市	75612.21	79584.07	5.25	57992.24	69775.68	20.32	63273.24	68139.62	7.69
天津市	36951.66	37151.62	0.54	25528.26	26011.87	1.89	21633.86	21663.78	0.14
河北省	13589.28	15938.07	17.28	17388.05	18861.90	8.48	17647.64	18494.60	4.80
山西省	15020.11	16185.90	7.76	17959.65	18460.89	2.79	15053.28	16240.69	7.89
内蒙古自治区	17205.96	20147.88	17.10	20117.85	21666.25	7.70	20382.73	20745.84	1.78
辽宁省	14039.96	15479.41	10.25	15069.25	17407.16	15.51	14580.39	15876.12	8.89
吉林省	13438.81	14277.02	6.24	27971.28	27264.52	-2.53	21270.21	17776.89	-16.42
黑龙江省	12899.62	13432.59	4.13	18431.05	20333.28	10.32	16704.59	17687.50	5.88
上海市	56313.87	58776.91	4.37	56146.03	60507.94	7.77	42004.41	39702.78	-5.48
江苏省	28948.77	29991.06	3.60	19034.09	20131.46	5.77	20955.70	21101.90	0.70
浙江省	29489.61	31748.10	7.66	24879.67	26260.31	5.55	22556.09	26126.51	15.83
安徽省	13374.66	14701.94	9.92	14839.15	15609.70	5.19	15913.66	16155.21	1.52
福建省	18535.73	18502.62	-0.18	20718.53	20530.16	-0.91	19055.17	19928.25	4.58
江西省	13970.79	14852.74	6.31	14376.94	14683.26	2.13	19563.96	18489.42	-5.49
山东省	15946.52	16747.37	5.02	18182.65	19022.99	4.62	15210.02	17712.26	16.45

续表

地区	普通高中			中等职业学校			普通高等学校		
	2018 年	2019 年	增长率（%）	2018 年	2019 年	增长率（%）	2018 年	2019 年	增长率（%）
河南省	10047.73	11465.93	14.11	10249.32	10233.60	-0.15	15260.03	15475.95	1.41
湖北省	17672.42	20066.20	13.55	15992.25	15489.44	-3.14	16631.07	18606.55	11.88
湖南省	13443.81	14776.83	9.92	12380.55	13904.02	12.31	14946.34	16053.23	7.41
广东省	19149.20	21657.89	13.10	17961.78	19872.37	10.64	29901.32	36290.78	21.37
广西壮族自治区	10976.94	11903.01	8.44	10672.02	11446.29	7.26	14606.90	15534.07	6.35
海南省	19367.30	19627.96	1.35	14623.72	15436.30	5.56	25900.15	26611.04	2.74
重庆市	15048.84	15370.42	2.14	13268.34	14036.62	5.79	15572.30	16523.78	6.11
四川省	12488.62	13448.21	7.68	12402.00	13759.41	10.95	15604.39	18180.67	16.51
贵州省	14061.30	14773.77	5.07	7635.91	8846.18	15.85	20220.51	22834.59	12.93
云南省	14123.11	14514.60	2.77	12670.68	12608.46	-0.49	15837.73	16313.27	3.00
西藏自治区	33786.13	41728.42	23.51	53705.74	48928.38	-8.90	51107.57	58549.52	14.56
陕西省	16350.02	17941.68	9.73	12861.45	13764.53	7.02	16742.08	17086.23	2.06
甘肃省	12618.89	14567.09	15.44	18710.07	18496.11	-1.14	21297.21	20314.47	-4.61
青海省	19995.36	23378.89	16.92	15715.03	21444.76	36.46	33832.88	36890.42	9.04
宁夏回族自治区	14302.11	14595.05	2.05	15938.47	15981.77	0.27	26057.97	27558.47	5.76
新疆维吾尔自治区	16993.14	18376.65	8.14	14707.26	15908.35	8.17	20072.42	25715.14	28.11

表4-5　各级教育生均一般公共预算教育事业费支出增长情况（1）

单位:元

地区	幼儿园			普通小学			普通初中		
	2018年	2019年	增长率（%）	2018年	2019年	增长率（%）	2018年	2019年	增长率（%）
全　国	6896.28	7884.00	14.32	10566.29	11197.33	5.97	15199.11	16009.43	5.33
北京市	36841.48	37465.30	1.69	31375.64	33775.31	7.65	59768.35	61004.53	2.07
天津市	19511.00	22456.98	15.10	19091.93	19479.87	2.03	31982.56	31321.20	-2.07
河北省	5390.62	6464.34	19.92	8367.82	8929.05	6.71	11839.75	12668.01	7.00
山西省	3916.77	4880.77	24.61	10365.55	10486.90	1.17	14372.75	14504.64	0.92
内蒙古自治区	10686.17	11733.65	9.80	13198.42	13633.92	3.30	16468.98	17039.48	3.46
辽宁省	4601.43	5218.16	13.40	9701.50	10791.80	11.24	13870.01	15457.46	11.45
吉林省	8924.80	9735.35	9.08	13294.23	13321.06	0.20	16965.94	17058.30	0.54
黑龙江省	7136.27	8766.56	22.85	13867.87	14404.56	3.87	15706.44	16225.34	3.30
上海市	21553.01	25746.12	19.45	21887.30	24539.11	12.12	33284.99	34788.61	4.52
江苏省	6366.91	7445.65	16.94	12363.92	13119.23	6.11	21525.14	22144.14	2.88
浙江省	11536.58	13052.25	13.14	15108.74	16515.73	9.31	22125.88	23925.89	8.14
安徽省	5377.62	6502.64	20.92	9850.91	10481.29	6.40	15021.25	16064.27	6.94
福建省	7792.00	8446.87	8.40	10519.28	10730.44	2.01	16981.91	17207.17	1.33
江西省	8675.27	9649.72	11.23	9201.32	9976.48	8.42	12223.94	12958.28	6.01
山东省	4051.04	4461.59	10.13	9383.81	9784.69	4.27	15493.97	15826.03	2.14

续表

地区	幼儿园			普通小学			普通初中		
	2018年	2019年	增长率(%)	2018年	2019年	增长率(%)	2018年	2019年	增长率(%)
河南省	3020.18	3537.44	17.13	6369.67	6950.98	9.13	9862.89	10484.86	6.31
湖北省	5506.19	6511.60	18.26	10603.83	11017.75	3.90	17416.46	18109.22	3.98
湖南省	4028.14	5097.46	26.55	8616.82	9115.38	5.79	12803.34	13380.89	4.51
广东省	4227.56	5501.50	30.13	11830.86	13062.28	10.41	17090.30	19229.25	12.52
广西壮族自治区	3469.69	4077.46	17.52	8013.28	8355.20	4.27	10423.78	10735.21	2.99
海南省	14154.79	15960.61	12.76	12170.70	12551.28	3.13	16165.70	16951.28	4.86
重庆市	5833.43	7016.73	20.28	11380.09	12154.34	6.80	15389.89	16197.57	5.25
四川省	5834.32	7096.62	21.64	9982.63	10479.32	4.98	13762.47	14125.21	2.64
贵州省	7178.55	8036.34	11.95	10156.04	10764.09	5.99	12241.82	13140.21	7.34
云南省	6345.78	6481.75	2.14	11479.07	11214.73	-2.30	13782.05	13870.39	0.64
西藏自治区	23458.92	19100.49	-18.58	26597.82	25412.24	-4.46	28525.15	30953.41	8.51
陕西省	9914.15	11212.44	13.10	11329.68	12027.74	6.16	15732.04	17289.39	9.90
甘肃省	7081.20	7882.05	11.31	11040.49	11565.44	4.75	13051.63	14221.49	8.96
青海省	7716.12	8094.21	4.90	13929.32	14009.44	0.58	17881.64	18209.99	1.84
宁夏回族自治区	6497.20	8144.90	25.36	9877.09	10035.91	1.61	13313.32	13364.74	0.39
新疆维吾尔自治区	7788.82	8062.10	3.51	11911.58	12427.91	4.33	18414.19	19320.15	4.92

表4-6 各级教育生均一般公共预算教育事业费支出增长情况（2）

单位：元

地区	普通高中			中等职业学校			普通高等学校		
	2018年	2019年	增长率（%）	2018年	2019年	增长率（%）	2018年	2019年	增长率（%）
全 国	14955.66	16336.23	9.23	14200.66	15380.52	8.31	20973.62	22041.87	5.09
北京市	66083.69	70582.25	6.81	53861.27	66304.61	23.10	58805.03	64022.10	8.87
天津市	35787.59	33566.16	-6.21	23144.82	24843.24	7.34	22865.22	19355.69	-15.35
河北省	12718.18	15103.81	18.76	15359.98	17076.10	11.17	17338.51	17479.17	0.81
山西省	13477.37	14835.08	10.07	15950.94	16563.14	3.84	13885.41	15908.99	14.57
内蒙古自治区	15632.32	17987.19	15.06	18739.01	19981.81	6.63	19008.88	20578.09	8.26
辽宁省	12130.21	14662.30	20.87	12436.51	15779.68	26.88	14160.34	14721.91	3.97
吉林省	11897.25	12383.52	4.09	24428.63	24098.09	-1.35	18319.26	18200.64	-0.65
黑龙江省	11655.44	12482.67	7.10	17196.39	18960.91	10.26	16211.66	16814.57	3.72
上海市	39236.64	43433.71	10.70	30035.26	34682.39	15.47	36405.47	35993.19	-1.13
江苏省	25450.90	26891.86	5.66	16926.50	18466.40	9.10	20461.88	20079.09	-1.87
浙江省	26376.78	29093.86	10.30	21546.33	23331.06	8.28	20779.55	23788.31	14.48
安徽省	11954.00	13841.62	15.79	11895.19	12672.03	6.53	15466.38	15505.53	0.25
福建省	16568.33	17012.22	2.68	17500.62	17219.69	-1.61	19471.36	20864.11	7.15
江西省	12941.55	13741.68	6.18	12766.45	13837.18	8.39	17446.78	20453.95	17.24
山东省	14842.94	15631.74	5.31	15330.06	16225.46	5.84	14528.41	17454.84	20.14

续表

地区	普通高中			中等职业学校			普通高等学校		
	2018年	2019年	增长率（%）	2018年	2019年	增长率（%）	2018年	2019年	增长率（%）
河南省	9349.70	10309.09	10.26	9344.37	9251.24	-1.00	14225.61	14933.74	4.98
湖北省	17637.32	20225.29	14.67	15853.65	15754.56	-0.63	17188.08	18960.23	10.31
湖南省	12369.41	13447.63	8.72	10846.82	12167.26	12.17	14860.36	15466.66	4.08
广东省	17422.64	20087.35	15.29	15045.53	17821.52	18.45	25877.26	30479.92	17.79
广西壮族自治区	10071.29	10751.41	6.75	9586.82	9957.14	3.86	13854.56	14919.78	7.69
海南省	18062.18	19185.46	6.22	13399.03	14595.64	8.93	22465.09	24119.49	7.36
重庆市	13909.81	14532.50	4.48	11600.99	12705.61	9.52	15457.62	16021.90	3.65
四川省	11710.11	12627.16	7.83	11406.43	12870.20	12.83	14907.11	16774.99	12.53
贵州省	12794.55	13353.61	4.37	6781.25	7784.93	14.80	19490.04	21355.52	9.57
云南省	13330.93	13339.17	0.06	11616.88	11633.61	0.14	15333.31	15513.99	1.18
西藏自治区	29688.46	34990.97	17.86	37335.01	32708.19	-12.39	37281.68	52383.22	40.51
陕西省	14234.64	15947.03	12.03	11850.56	13306.06	12.28	16032.15	16331.64	1.87
甘肃省	11745.22	13383.54	13.95	17276.12	16974.51	-1.75	20700.95	19484.69	-5.88
青海省	17430.23	20076.73	15.18	16329.21	18796.48	15.11	33795.03	40453.35	19.70
宁夏回族自治区	13756.83	13773.88	0.12	14948.38	13682.21	-8.47	25120.93	25557.03	1.74
新疆维吾尔自治区	15738.27	16636.77	5.71	12785.24	14598.85	14.19	18182.49	18542.71	1.98

表4-7 各级教育生均一般公共预算公用经费支出增长情况（1）

单位:元

地区	幼儿园			普通小学			普通初中		
	2018年	2019年	增长率（%）	2018年	2019年	增长率（%）	2018年	2019年	增长率（%）
全　国	2431.70	2711.44	11.50	2794.58	2843.79	1.76	3907.82	4012.45	2.68
北京市	15488.29	12929.31	-16.52	11092.22	9974.53	-10.08	21603.57	17814.78	-17.54
天津市	5874.40	7718.63	31.39	3996.50	4460.91	11.62	6539.07	6433.72	-1.61
河北省	1231.16	1594.73	29.53	2184.45	2186.30	0.08	2991.40	3194.57	6.79
山西省	1020.88	1644.82	61.12	2403.82	2457.42	2.23	3127.13	3129.63	0.08
内蒙古自治区	3186.35	3462.49	8.67	3164.63	3171.35	0.21	4137.40	3979.01	-3.83
辽宁省	1637.76	1638.89	0.07	2085.32	2176.37	4.37	2661.15	2664.81	0.14
吉林省	3119.17	3372.66	8.13	3064.05	2847.86	-7.06	4344.86	4004.84	-7.83
黑龙江省	1960.00	2822.97	44.03	2882.02	2746.82	-4.69	3598.08	3459.96	-3.84
上海市	6971.30	7799.66	11.88	6396.11	7059.70	10.37	11329.81	10544.72	-6.93
江苏省	2013.75	2136.07	6.07	2649.55	2528.31	-4.58	4198.40	4250.86	1.25
浙江省	4103.53	4688.09	14.25	3360.54	3587.46	6.75	4966.16	5272.83	6.18
安徽省	2129.28	2505.19	17.65	2993.42	3015.11	0.72	4286.68	4487.78	4.69
福建省	2496.61	2768.92	10.91	2825.91	2963.20	4.86	4067.11	4267.63	4.93
江西省	5229.21	5639.83	7.85	3635.42	3840.03	5.63	5109.20	5551.28	8.65
山东省	1482.35	1586.29	7.01	2219.55	2155.05	-2.91	3555.89	3449.92	-2.98

续表

地区	幼儿园			普通小学			普通初中		
	2018 年	2019 年	增长率（%）	2018 年	2019 年	增长率（%）	2018 年	2019 年	增长率（%）
河南省	1203.65	1369.21	13.75	2165.32	2199.80	1.59	3408.06	3446.62	1.13
湖北省	1964.59	2476.43	26.05	3021.93	3230.43	6.90	4054.25	4684.07	15.53
湖南省	1388.25	1956.73	40.95	2410.52	2585.04	7.24	3377.15	3569.45	5.69
广东省	1131.41	1652.88	46.09	2752.85	2952.34	7.25	3718.49	3990.04	7.30
广西壮族自治区	1697.25	2046.17	20.56	2481.79	2482.22	0.02	3204.64	3246.11	1.29
海南省	7701.10	8078.80	4.90	4508.04	4206.24	-6.69	6359.44	6234.29	-1.97
重庆市	2877.79	3352.07	16.48	3175.72	3245.26	2.19	4112.83	4201.06	2.15
四川省	2507.41	3284.88	31.01	2778.17	2893.83	4.16	3465.34	3684.06	6.31
贵州省	2178.28	2130.45	-2.20	2180.27	2293.32	5.19	2707.25	2625.97	-3.00
云南省	1926.56	1734.51	-9.97	2282.65	2038.29	-10.71	2887.97	2757.81	-4.51
西藏自治区	9782.23	5095.88	-47.91	8012.37	5951.06	-25.73	7210.51	6625.91	-8.11
陕西省	3995.77	4263.85	6.71	3937.98	4155.56	5.53	4646.86	5209.22	12.10
甘肃省	2108.72	2441.48	15.78	2576.83	2761.54	7.17	2814.50	3325.02	18.14
青海省	2971.16	3569.24	20.13	3181.28	3475.48	9.25	3970.72	4833.40	21.73
宁夏回族自治区	3094.24	4641.38	50.00	3335.59	3147.76	-5.63	4584.84	4421.92	-3.55
新疆维吾尔自治区	2402.84	2019.28	-15.96	2313.49	2300.70	-0.55	4415.76	4168.16	-5.61

表4-8　各级教育生均一般公共预算公用经费支出增长情况（2）

单位：元

地区	普通高中			中等职业学校			普通高等学校		
	2018年	2019年	增长率（%）	2018年	2019年	增长率（%）	2018年	2019年	增长率（%）
全　国	3646.99	3945.10	8.17	5205.53	5509.59	5.84	8825.89	9162.17	3.81
北京市	22721.41	19742.13	-13.11	21712.91	23283.10	7.23	26795.81	27431.32	2.37
天津市	9180.46	7539.01	-17.88	5689.45	6608.59	16.16	13111.17	9528.61	-27.32
河北省	2613.09	3976.40	52.17	4890.83	5583.37	14.16	6849.58	6186.41	-9.68
山西省	3289.05	3651.25	11.01	5293.28	5885.18	11.18	5601.03	6108.07	9.05
内蒙古自治区	4394.22	5338.35	21.49	6728.74	7165.69	6.49	8235.08	9060.58	10.02
辽宁省	2423.27	3063.66	26.43	4059.18	4914.47	21.07	6157.47	5978.27	-2.91
吉林省	2937.82	3151.90	7.29	8083.49	8157.96	0.92	9130.99	9353.70	2.44
黑龙江省	2597.36	2737.15	5.38	4881.82	5398.14	10.58	5029.11	5584.23	11.04
上海市	11030.73	11514.08	4.38	11250.53	10489.13	-6.77	18685.12	18320.05	-1.95
江苏省	4991.66	5353.74	7.25	5274.56	5550.05	5.22	8662.96	8282.85	-4.39
浙江省	5651.57	6114.69	8.19	6890.98	7375.39	7.03	8423.11	10044.72	19.25
安徽省	2476.75	3120.86	26.01	5274.26	5338.02	1.21	7456.43	7634.13	2.38
福建省	3647.46	3702.38	1.51	6589.68	6481.17	-1.65	10085.74	10136.86	0.51
江西省	5418.26	5521.51	1.91	6336.66	7248.54	14.39	6099.85	8268.89	35.56
山东省	2886.26	2312.44	-19.88	5360.10	5165.06	-3.64	3618.13	5951.53	64.49

续表

地区	普通高中			中等职业学校			普通高等学校		
	2018年	2019年	增长率（%）	2018年	2019年	增长率（%）	2018年	2019年	增长率（%）
河南省	2974.21	3182.76	7.01	4135.60	3762.59	-9.02	7004.25	7509.69	7.22
湖北省	4519.77	6258.25	38.46	6712.97	6639.63	-1.09	6870.05	7819.96	13.83
湖南省	2812.44	3048.73	8.40	3915.00	4297.24	9.76	5263.54	4975.59	-5.47
广东省	3311.77	3497.41	5.61	4925.49	5668.37	15.08	10642.29	12032.91	13.07
广西壮族自治区	3050.11	3440.24	12.79	4277.03	4443.72	3.90	8128.03	9257.68	13.90
海南省	7959.71	7256.74	-8.83	6612.78	7204.28	8.94	12819.70	12283.73	-4.18
重庆市	3728.06	3836.34	2.90	4789.23	5409.91	12.96	6425.05	7338.48	14.22
四川省	2412.76	2670.13	10.67	4232.59	4954.41	17.05	5281.80	6002.46	13.64
贵州省	3812.37	3450.97	-9.48	2401.63	3128.38	30.26	7870.77	9609.50	22.09
云南省	2673.04	2675.83	0.10	3975.62	3944.35	-0.79	5359.37	5009.89	-6.52
西藏自治区	6392.22	9180.85	43.63	15421.00	8982.38	-41.75	11902.34	18668.59	56.85
陕西省	4899.17	5213.25	6.41	4263.52	4998.52	17.24	7584.50	8039.53	6.00
甘肃省	2319.70	2665.98	14.93	7371.85	6267.31	-14.98	13163.03	12085.57	-8.19
青海省	3779.45	6488.72	71.68	8920.69	10376.05	16.31	20550.93	27135.67	32.04
宁夏回族自治区	3927.91	3987.02	1.50	8643.55	6529.21	-24.46	11828.51	13254.24	12.05
新疆维吾尔自治区	2957.05	3591.26	21.45	4758.88	5866.01	23.26	6495.14	6908.67	6.37

（二）横向投资结构差异

我国幅员辽阔，人口众多，地区间经济发展水平存在一定程度的差异，地区间普通高等本科学校生均教育经费支出的绝对差异逐年拉大，两极分化现象十分严重。近些年，无论是国家财政还是地方财政都加大了对高等教育的投入，无论从学生数量还是教师科研成果来看，都呈现大幅度的增长态势。但各地区高等教育发展水平仍然存在不均衡问题，而且国家教育投资过程中的绝对平均也并不意味着高效和公平。考察各地区的教育投入，最具可比性的指标是生均事业费。李翔（2014）通过研究对比 2007 年和 2010 年的生均事业费得出：北京、上海、浙江、天津、江苏、西藏六地区的普通高等本科学校生均教育经费支出一直呈现正向偏离，且偏离程度相对较大。西藏是中央财政比较重视的省份，而其余五省为经济发达的沿海省份。除广东外，其他省份偏离度呈扩大趋势。特别是北京、上海、浙江偏离程度最大；福建、湖北、陕西虽保持正向偏离，但偏离程度较小。河北、山西、安徽、江西、山东、河南、湖南、广西、海南、贵州、云南、甘肃、青海、宁夏、新疆，负向偏离较大，一直处于全国相对落后的位置，但除贵州、青海、新疆外，其他都呈现出扩大趋势。黑龙江、重庆、四川三省出现了本质的转变，其中，黑龙江由正偏离变为负偏离，重庆和四川则由负偏离变为正偏离。

第五章　数据包络分析法（DEA）

第一节　DEA 的基本原理

DEA（数据包络分析）是由著名的运筹学家 Charnes、Cooper 和 Rhodes 于 1978 年首先提出，该方法的原理主要是通过保持单元的输入或输出不变，确定相对有效的生产前沿，将各个决策单元投影到 DEA 的生产前沿，并通过比较决策单元偏离 DEA 前沿的程度来评价决策单元的相对效率。DEA 是在"相对效率评价"理论之上创立的，主要适用于同类型部门相对有效性的评价与分析。其原理是利用数学规划模型，按照前沿面上的投影偏离程度来评价是否有效。具体来看，DEA 是把被测算的各个单位作为 DMU，不需设定生产函数的权重，实际上是相对效率的测评，也就是说 DMU 的有效性只与所选样本中的样本决策单元相关联。选择数据包络分析法来开展效率评价，可运算所选决策单元的投入产出的实际数量，以线性规划法将有效的 DMU 进行线性的组合，构成分段超平面，最终确立有效生产前沿面，可以测算 DMU 的投入和产出的最优解。

数据包络分析法能够对 DEA 无效的决策单元给予具体解答，发现这些 DEA 无效的 DMU 存在着哪些投入过度冗余的现象，以及找出在多少个指标中出现产出匮乏的表现，这样管理人员就可依照评价的结果实施新策略，以提高决策单元的效率。该方式在经济学、运筹学、管理学、高等数学、IT 等领域的运用越来越深入、广泛。

第二节　模型介绍

1978 年查恩斯和库珀提出了 DEA 的第一个基本的模型 CCR，主要被用于探究多输入多输出的同类 DMU 是否同时为规模和技术有效的课题，但限制了规模收益不变这一条件；充分改良规模收益可变条件后，再次引进了 BCC 模型来实现纯技术有效的结果评价；后期出现了经典的 FG 模型，能够满足规模收益非递增的条件，以及满足规模收益非递减条件的 ST 模型。

随着上述模型在实证方面的广泛应用，出现了如果对指标权重系数没有限制，会误判一些决策单元的有效性的情况，而且未能体现组织决策者的个人偏好或组织的走向，这使得研究得出的结论可能与实际情况不符。于是更多的学者加入新的推算队伍，最终得到了 CCWH 模型，可以利用锥比率的改变来更准确地体现管理者的个人喜好。库珀又继续把 CCR 模型推广到包含无限多数量决策单元的情境当中，结果得到了 CCW 和 CCWY 两类模型。近年来，更多世界各国的学者开始从新的角度进行下一步探究，已经提出了动态 DEA 模型、模糊 DEA

模型、逆 DEA 模型等新型模型，便于使用者克服实际评价中出现的种种问题。

DEA 基本模型为 CCR 模型：对于 n 个被评价的决策单元（DMU），各决策单元的输入指标为 m 个，输出指标为 s 个，令 $X_j =$ $(x_{1j}, \cdots, x_{ij}, \cdots, x_{mj})(i[1, m], j = 1, 2, \cdots, n)$ 为第 j 个 DMU 的输入向量，其中 x_{ij} 为第 j 个 DMU 的第 i 种输入指标的输入值。令 $Y_j =$ $(y_{1j}, \cdots y_{rj}, \cdots y_{sj})$ $(r \in [1, s], j = 1, 2, \cdots, n)$ 为第 j 个 DMU 的输出指标向量，其中 y_{rj} 为 j 个 DMU 的第 r 种输出指标的输出值。

$$\begin{cases} \min\theta \\ s.t. \sum_{j=1}^{n} \lambda_j x_j - s^+ = \theta x_0 \\ \sum_{j=1}^{n} \lambda_j y_j - s^- = y_0 \\ \lambda_j \geqslant 0, j = 1, 2, \cdots n \\ s^+ \geqslant 0, s^- \geqslant 0 \end{cases}$$

式中，S^- 为输入的冗余量；S^+ 为输出的不足量；θ 小于等于 1，是该决策单元的相对效率，即输出相对于输入或者输入相对于输出的有效程度，反应为其相对效率，θ 越大其相对效率越大。当 $\theta = 1$，且 $S^- = S^+ = 0$ 则称该决策单元 DEA 有效，当 $\theta < 1$ 时，表示决策单元 DEA 无效。

CCR 模型发展的假定条件为规模报酬不变，然而现实的生活中大多数行业的规模报酬都是可变的，因此 CCR 模型发展产生了 BCC 模型。BCC 模型将 CCR 中的技术效率（θ）进一步分解为综合效率、纯技术效率和规模效率，并且将各个 DEA 无效的决策单元在相对有效平面进行投影分析，计算出输入输出的目标值。

DEA 的特点在于其不仅适用于多输入多输出的有效性评价，而且无须任何权重假设，此外其以决策单元输入输出的实际数据求得最优权重，排除了很多主观因素，具有很强的客观性。因此，自提出以来，DEA 已被广泛用于各个产业内部的相对效率的比较研究中。①

第三节　DEA 模型的发展

DEA 有效是 DEA 理论中最重要、最基本的概念，由于它在 DEA 理论中的重要地位，因此，对 DEA 有效性问题的研究也较多。

1978 年，由 A. Charnes 和 W. W. Cooper 等人正式提出。中国学者研究 DEA 模型始于 1986 年，1988 年魏权龄公开出版了关于 DEA 模型的第一本专著。在将近 40 年的研究进程中，DEA 得到了迅猛发展，ISI Web of Science Core Collection（Web of Science 核心合集）、Engineering Village（EV）和中国科学引文数据库（CSCD）等各大数据库中相关文献检索数量均达到上千篇，已经有数以万计关于 DEA 的研究论文、工作报告和博士论文等发表。1993 年吴文江给出了寻找 DEA 有效单元的一种新方法。② 另一个与有效性相关的课题是随机 DEA 的研究，随机 DEA 模型的研究也是目前 DEA 研究的前沿之一。Baker 等

---

① 潘晓栋. 基于 DEA 数据包络模型的水电站经济效率评价［C］//中国水利学会 2011 学术年会. 第二届中国小水电论坛论文集. 2011：168-173.

② 吴文江. DEA 中只改变输出使决策单元变为有效的方法［J］. 山东建材学报，1996（1）：56-59.

把统计方法引入 DEA，提出了用极大似然估计法处理 DEA 中的随机性[①]；Olesen O B 使用可信度域的分段线性包络方法提出了概率约束 DEA 模型[②]；Cooper 等把满意度概念引入 DEA，提出了满意 DEA 模型[③]；胡汉辉等利用最小绝对误差估计和机会约束规划，建立了一系列线性与非线性规划的数据包络模型[④]。中国台湾学者 Tser-yieth Chen 应用对机会约束的数据包络分析与随机有效前沿面分析对 39 家银行的技术有效性进行了比较。[⑤] DEA 方法的灵敏度分析一直是 DEA 理论中一个重要的研究课题。1985 年 Charnes 等人从构造特殊的逆矩阵的观点出发，研究了有效决策单元单个产出量变化时的灵敏度分析。Charnes 等给出了被评决策单元的输入和输出以同比例变化的 DEA 超有效灵敏度分析法[⑥]。

单一评价方法有其自身的优缺点，DEA 方法的弱点在于对有效决策单元所能给出的信息太少。将各种综合评价方法综合运用是综合评价的一个研究趋势，Zilla S 将 DEA 方法和判别方法集合起来，对决策单元进行排序，在基于 DEA 评价的基础上通过判别分析，将各 DMU

① Baker R D. Maximum Likelihood, Consistency and DEA Statistical Foundations [J]. Management Science, 1993 (39): 1265-1273.

② Olesen O B, Petersen N C. Chance Constrained Efficiency Evaluation [J]. Management Science, 1995 (41): 442-457.

③ Cooper W W, Huang Z M, et al. Satisyfing DEA Models Under Chance Constraints [J]. Annals of Operational Research, 1996 (66): 279-295.

④ 胡汉辉，等. 数据包络分析的随机性研究 [J]. 系统工程学报，1995 (4): 101-107.

⑤ CHEN T Y. A comparison of chance-constrained DEA and stochastic frontier analysis: bank efficieny in Taiwan [J]. Journal of Operational Research Society, 2002 (53): 492-500.

⑥ CHARNES A, HAAG S JASKA P, et al. Sensitivity of efficiency classifications in the additive model of data envelopment analysis [J]. International Journal of Systems Science, 1992 (23): 789-798.

判属有效或非有效两类，从而得到一组相应于所有 DMU 的权重，进而进行排序。[1] 戴勇在基于 AHP 的 DEA 分析基础上提出虚拟物流企业联盟伙伴选择的方法，通过三个阶段选择确定物流联盟伙伴。[2] 李果等提出最优分割聚类分析方法，该方法以 DEA 相对效率评价为基础，通过最优分割法寻找最优分割点，从而达到聚类的目的。[3] DEA 还可以与模糊数学、神经网络、灰色系统等方法结合使用。

数据包络分析的应用极其广泛，相对于数理统计方法而言，数据包络分析法所需要的数据样本不大，因此，在很多数理统计方法无法较好适用的情况下，数据包络分析方法能够发挥显著的优势。DEA 第一个成功的运用是评价为弱智儿童开设的公立学校项目，之后，随着人们的深入研究和实践，DEA 的应用范围不仅由公共事业单位扩大到企业，而且也由横向的管理效率评价延伸到同一个决策单元历史发展的纵向评价。近年来，DEA 理论主要在三大应用领域发挥着极大的优势，主要是生产函数与技术进步研究、经济系统绩效评价和系统的预测与预警研究。

第四节　**DEA** 的优点

高校的生产活动是典型一系列的多种投入、多种产出的活动，选

---

[1] ZILLA S，FRIEDMAN L. DEA and the discriminant analysis of ratios for ranking units [J]．European Journal of Operational Research，1998，111：470-478.

[2] 戴勇．基于 AHP 的 DEA 分析基础上的虚拟物流企业联盟伙伴选择 [J]．系统工程，2002（3）：47-51.

[3] 李果，王应明．对 DEA 聚类分析方法的一种改进 [J]．预测，1999（4）：66-67.

择用 DEA 来评价高校的投入产出效率，是因为此研究法的最大优点就是非常适合多种投入、多种产出的繁杂系统的测算，并且不用提前设置生产函数和权重假设，具备非常科学的客观性，便于展现投入与产出的真实关系，既能更好地避免主观性干扰本次评价结果，又可以看到急需优化的不足，获取改进数据的方案。进行动态分析时还可看到高等教育投入产出效率的动态发展变化，更全面地明了走向，对评价高校投入产出效率存在显著的优点，因此本研究选用 DEA 方法来进行本次效率评价。

此类方法的模型操作简单，便于高质量高效地处理多种投入、多项产出数据的决策单元评价研究。所以，从 1978 年 DEA 理论的第一个模型，即 CCR 模型建立以来，就是评价存在相同类型投入和产出的多个生产和非生产组织相对效率的有效选择，有关的理论研究不断深入。较强的现实意义是数据包络分析法的强大优势，实证结果是整合数值用以评价不同情况下的 DMU 效率，比较有效地反映该组织的资源利用情况，为组织决策者和各级管理者提供参考依据，适应性很强。

在关于教育投入产出效率测算方面，教育经济学的专家移植经济上对生产效率的评价办法，经过对高等学校的特点方面进行仔细考量，发展了许多特定评价模式和新模型。在教育投入产出效率评价方法中，内在报酬率法、指数分析法等都有着苛刻前提，将高等教育投入产出的各种数据实现量化非常困难，特别是教育产出中的质量问题实施的数量化归纳，仍然是难于实现。同时，高等教育又有多个功能，肩负着教育强国的重任和使命：首先要提高在校生和毕业生的能力，以使他们进行科研工作；另一方面，要助力区域性经济发展，改善就业难题，促进社会经济文化蓬勃发展。因此，DEA 成了高等教育投入产出效率测评中的主流手段，DEA 方法达到全面考量样本，即被测量高校本身最佳的投入产出组合，可以完整地体现评价高校自身的气息和特质。

具体来说有以下优点：

1. DEA 方法不必设置参数式样的生产前沿函数。目前高等教育投入产出效率研究中还未有统一的评价体系，各区域和具体某个高校的情况也大相径庭，无法确定指标的权重。如果研究者强行给评价指标赋予权重，很可能会导致研究结果出现误差。DEA 以 DMU 输入输出的真实数据计算出最优权重参数，能够去除大多数主观因素，拥有很高的客观性。

2. 使用 DEA 方法投入产出指标的单位可以不统一。实质上是选择了数学规划的模型进行测量，所有的输入输出也可以平等对待。DMU 的最佳效率值与投入、产出指标的量纲设定不相干，因此在运算时不必将获取的数据做无量化处理。

3. DEA 方法具有可以获取投入预期产出的功能，且可以得出高校投入资源里尚未充分发挥作用的比率，还能利用投影的方法得到 DEA 非有效的原因，同时得到影响因素改进的方向，乃至具体优化数值。任何 DMU 都可以被视为相同的实体，即在此视阈下，各 DMU 具有相同的输入和输出，因此可以利用数个决策单元和各个年份的投入和产出指标进行对比，科学分析各年度高等教育资源配置的相对有效性，以及动态发展趋势。

第五节 DEA 的评价步骤

1. 明确开展效率评价的目的。针对评价的目的来将决策单元进行测算分析。这一步奠定了所有后续探究的基础，同样还是构建拟使用的评价指标体系、处理决策单元（DMU）的基础，因此首要的是确立本次评价的主要目的，并围绕这一目的进行研究。

2. 建立评价指标体系。确立一套能够全面体现评价目的的指标体系，同时还可以反映输入、输出指标的多元，将各类状况下的分析结果进行对比研讨，然后选取需要的信息。

3. 选择决策单元（DMU）。思索候选对象所处的内外部环境状况，尽量确定所有决策单元是否具有同质性，能否使用相同的投入产出指标，进行整体性思量。

4. 搜索和理清具备可获取、可量化的数据，根据有效性分析的目的和发生的背景决定适当的 DEA 模型，并开始计算。

5. 开始静态分析后，将无效的 DMU 实行投入冗余和产出不足的具体分解，获取改进方案；进行动态分析后，考量近年来效率值的动态变化及趋势，最终形成结论。

第六章　吉林省高等教育及投入产出评价指标体系构建

　　吉林省作为我国东北地区的农业大省，其经济发展水平处于相对较弱的地位。2017 年吉林省 GDP 总量 15289 亿元，在全国的 31 个省、自治区及直辖市的排名当中为第 23 位。2018 年吉林省 GDP 总量为 15075 亿元，在全国的 31 个省、自治区及直辖市的排名当中为第 24 位；2019 年吉林省 GDP 总量为 11727 亿元，在全国的 31 个省、自治区及直辖市的排名当中为第 26 位。而与其经济不太相匹配的吉林省高等教育则相对较为发达。吉林省共有 62 所高等院校，从本科生到硕士研究生再到博士研究生，在校人数逐年增加，而从师资队伍力量来看，吉林省国家级教学名师达 20 多人，国家级教学成果奖也有 60 多项，从多方数据可以探析，吉林省的高等教育在全国范围内处于中等水平。吉林省高等教育的排名相较于经济排名靠前，与其稳定的大量的财政投入是密不可分的，且高等教育的顺利发展又反哺了吉林省的经济发展，为其发展基础经济提供了有力的支持。然而这种长时期大量的高等教育经费财政投入，给吉林省地方政府带来了财政上的压力，省内高等院校对其资金使用效率不高这一问题也随之出现。①

第一节　吉林省教育概况

2019 年，全省小学 3740 所，招生 19.67 万人，在校生 118.57 万人。初中 1177 所，招生 21.01 万人，在校生 65.45 万人。普通高中学校 251 所，招生 14.95 万人，在校生 41.84 万人。中等职业教育学校 255 所，招生 4.38 万人，在校生 11.79 万人，毕业生 4.32 万人，其中，获得职业技术证书的人数为 1.76 万人。幼儿园 3605 所，入园（班）幼儿 15.52 万人，在园（班）幼儿 41.16 万人。特殊教育学校 49 所，特殊教育学生 11313 人。

研究生培养单位 21 个，研究生招生数 2.56 万人，研究生在校生 7.47 万人。普通高校 62 所，其中，普通本科院校 37 所（包含 5 所独立学院），普通专科（高职）院校 25 所；普通本、专科招生数 21.95 万人，普通本、专科在校生 70.01 万人，比上年增加 4.18 万人。成人本、专科招生数 7.00 万人，在校生 13.48 万人。

各级各类民办学校 3030 所，在校生 64.80 万人。其中，民办普通高等学校（含独立学院）18 所，在校生 17.09 万人；民办普通高中 38 所，在校生 4.70 万人；民办中等职业学校 67 所，在校生 1.96 万人；民办初中 41 所，在校生 8.27 万人；民办小学 17 所，在校生 6.66 万人；民办幼儿园 2849 所，在园幼儿 26.11 万人。

---

① 褚照锋. 地方政府推进一流大学与一流学科建设的策略与反思——基于 24 个地区"双一流"政策文本的分析［J］. 中国高教研究，2017（8）：50-55，67.

独立设置少数民族幼儿园 67 所，学前教育少数民族在园幼儿 3.48 万人；少数民族小学 165 所，小学少数民族在校生 11.98 万人；少数民族初中 70 所，初中少数民族在校生 6.08 万人；少数民族普通高中 23 所，普通高中少数民族在校生 3.99 万人。中等职业教育中少数民族在校生 0.71 万人；高等教育中少数民族在校生 11.24 万人。

第二节　吉林省高等教育概况

吉林省有 62 所高校，其中普通本科院校 37 所（包含 5 所独立学院），普通专科（高职）院校 25 所，在校本专科生 700145 人、在校研究生（含博士、硕士）74671 人、成人本专科生 134849 人，高等教育教职工数 64513 人（含 13 所成人高等学校的 1902 人），有 41477 名专任教师（含 13 所成人高等学校的 1179 名专任教师）。①

---

① 吉林省统计局，国家统计局吉林调查总队．吉林教育统计年鉴 2019［M］．北京：中国统计出版社，2020：9，24

表6-1 2019年吉林省高等学校名单（62所）

序号	学校名称	学校标识码	主管部门	所在地	办学层次	备注
522	吉林大学	4122010183	教育部	长春市	本科	
523	延边大学	4122010184	吉林省	延边朝鲜族自治州	本科	
524	长春理工大学	4122010186	吉林省	长春市	本科	
525	东北电力大学	4122010188	吉林省	吉林市	本科	
526	长春工业大学	4122010190	吉林省	长春市	本科	
527	吉林建筑大学	4122010191	吉林省	长春市	本科	
528	吉林化工学院	4122010192	吉林省	吉林市	本科	
529	吉林农业大学	4122010193	吉林省	长春市	本科	
530	长春中医药大学	4122010199	吉林省	长春市	本科	
531	东北师范大学	4122010200	教育部	长春市	本科	
532	北华大学	4122010201	吉林省	吉林市	本科	
533	通化师范学院	4122010202	吉林省	通化市	本科	
534	吉林师范大学	4122010203	吉林省	四平市	本科	
535	吉林工程技术师范学院	4122010204	吉林省	长春市	本科	
536	长春师范大学	4122010205	吉林省	长春市	本科	
537	白城师范学院	4122010206	吉林省	白城市	本科	

续表

序号	学校名称	学校标识码	主管部门	所在地	办学层次	备注
538	吉林财经大学	4122010207	吉林省	长春市	本科	
539	吉林体育学院	4122010208	吉林省	长春市	本科	
540	吉林艺术学院	4122010209	吉林省	长春市	本科	
541	吉林外国语大学	4122010964	吉林省教育厅	长春市	本科	民办
542	吉林工商学院	4122011261	吉林省	长春市	本科	
543	长春工程学院	4122011437	吉林省	长春市	本科	
544	吉林农业科技学院	4122011439	吉林省	吉林市	本科	
545	吉林警察学院	4122011441	吉林省	长春市	本科	
546	长春大学	4122011726	吉林省	长春市	本科	
547	长春光华学院	4122013600	吉林省教育厅	长春市	本科	民办
548	长春工业大学人文信息学院	4122013601	吉林省教育厅	长春市	本科	民办
549	长春理工大学光电信息学院	4122013602	吉林省教育厅	长春市	本科	民办
550	长春财经学院	4122013603	吉林省教育厅	长春市	本科	民办
551	吉林建筑科技学院	4122013604	吉林省教育厅	长春市	本科	民办
552	长春建筑学院	4122013605	吉林省教育厅	长春市	本科	民办
553	长春科技学院	4122013606	吉林省教育厅	长春市	本科	民办
554	吉林动画学院	4122013607	吉林省教育厅	长春市	本科	民办

续表

序号	学校名称	学校标识码	主管部门	所在地	办学层次	备注
555	吉林师范大学博达学院	4122013622	吉林省教育厅	四平市	本科	民办
556	长春大学旅游学院	4122013623	吉林省教育厅	长春市	本科	民办
557	东北师范大学人文学院	4122013662	吉林省教育厅	长春市	本科	民办
558	吉林医药学院	4122013706	吉林省	吉林市	本科	
559	长春师范高等专科学校	3622000335	吉林省	长春市	专科	
560	辽源职业技术学院	4122010847	吉林省	辽源市	专科	
561	四平职业大学	4122011044	吉林省	四平市	专科	
562	长春汽车工业高等专科学校	4122011436	吉林省	长春市	专科	
563	长春金融高等专科学校	4122011440	吉林省	长春市	专科	
564	长春医学高等专科学校	4122011823	吉林省	长春市	专科	
565	吉林交通职业技术学院	4122012049	吉林省	长春市	专科	
566	长春东方职业学院	4122012306	吉林省教育厅	长春市	专科	民办
567	吉林司法警官职业学院	4122012901	吉林省	长春市	专科	
568	吉林电子信息职业技术学院	4122012902	吉林省	吉林市	专科	
569	吉林工业职业技术学院	4122012903	吉林省	吉林市	专科	
570	吉林工程职业学院	4122012904	吉林省	四平市	专科	
571	长春职业技术学院	4122013161	吉林省	长春市	专科	

续表

序号	学校名称	学校标识码	主管部门	所在地	办学层次	备注
572	白城医学高等专科学校	4122013743	吉林省	白城市	专科	
573	长春信息技术职业学院	4122013916	吉林省教育厅	长春市	专科	民办
574	松原职业技术学院	4122013917	吉林省	松原市	专科	
575	吉林铁道职业技术学院	4122014052	吉林省	吉林市	专科	
576	白城职业技术学院	4122014107	吉林省	白城市	专科	
577	长白山职业技术学院	4122014190	吉林省	白山市	专科	
578	吉林科技职业技术学院	4122014291	吉林省教育厅	长春市	专科	民办
579	延边职业技术学院	4122014340	吉林省	延边朝鲜族自治州	专科	
580	吉林城市职业技术学院	4122014426	吉林省教育厅	长春市	专科	民办
581	吉林职业技术学院	4122014567	吉林省教育厅	延边朝鲜族自治州	专科	民办
582	吉林水利电力职业学院	4122014602	吉林省	长春市	专科	
583	长春健康职业学院	4122014603	吉林省教育厅	长春市	专科	民办

171

20 世纪末我国就颁布了改革与完善教育投资体制的措施，要逐步建立起以财政投入为主，以征收教育税费及学生学杂费为辅的机制。当前教育经费的财政投入就包括了财政性支出、教育费及附加、学生学杂费、校办产业、社会捐赠、科研经费及银行贷款等多元化渠道。大体来说，我国高等院校教育性财政投入包括了政府拨款、学生（家庭）支出及贷款这三个方面。而吉林省在高等教育财政投入方面主要呈现以下的特点。

一、投入数量加大

近些年来，吉林省的高等教育财政投入一直处于增加的态势。2008 年的财政教育经费总额为 55.69 亿元，而 2017 年吉林省的教育经费总体规模已经增加到 600 多亿元。[①] 从变化趋势看，吉林省教育经费的增加比较平缓，但因受限于地方经济发展能力，总体水平不高。

二、经费收入来源单一

从目前吉林省地方高校的经费来源看，财政性的教育经费所占比重较大，且呈现逐年增长的趋势，而事业性收入占地方的教育经费总额虽然也在逐年增长，但是增长趋势却呈现下降的状态，两者之间互补对应的关系确保了吉林省高校财政经费的来源，为高等院校教育事业发展奠定了良好的基础。这在一定程度上也说明，目前吉林省高等

---

① 张莉. 优化吉林省高等教育财政投入的对策［J］. 长春金融高等专科学校学报，2019（5）：94.

院校的经费来源主要依靠这两大重要渠道，收入来源比较单一，内部结构需要尽快调整，服务性创收收入水平还需要进一步提升。此外，吉林省财政性教育经费中，教育事业费拨付比例较高，远远高于其他的经费数值。20世纪末高校教育进行了改革，对学生收取学费，打开了学生（家庭）参与到高校教育投资中的重要渠道，调动社会资源参与到高校的财政投入当中，促进了高校教育质量的提高，为高校财政投入提供了支持。高等教育收费对高等教育资源的扩充及优化资源配置产生了有利效应。但当前高等教育受到经济发展水平与收入分配制度的影响，一部分的学生无法承担教育成本的压力，这就需要政府的财政支出与社会力量的支持，来承担学生无力承担的教育成本，进而促进教育公平，以及教育水平的提高。

目前，吉林省内高校的收入来源主要为学费收入，很少存在非财政收入，对高等院校的发展起不到基础支撑作用，无形中增加了地方财政的压力，加之近些年来社会捐赠对高等院校的投入比例微乎其微，这些都是导致吉林省高校经费来源单一的因素。

三、经费收支规模不合理

虽然吉林省内各大高校的财政经费来源逐年增长，但其经费的支出规模也在逐年扩大，这在促进教育事业发展的同时也凸显了一个问题，即对财政经费的使用不够合理，支出结构有待完善。各大高校需要对经费支出管理给予更充分的重视，建立更加完善的机制。高校扩招、基础建设需要大量财政资金，而财政资金的紧张也会给教职工的福利提升带来负面影响，彼此之间是相互矛盾的。经费使用效率不高主要是由于高校内部使用财政经费前缺乏严格周密的规划，而在事中和事后也没有完整的监督及绩效评价的机制，这都会导致财政投入使用的效益不佳。

第三节　指标选取原则

不同的评价指标体系会对最终评价结果产生巨大影响，同时考虑到高等教育投入产出的复杂性，及吉林省高校的实际情况，本研究首先明确指标选取原则，其次参考已有研究中的评价指标进行指标初选，最后通过考量实证分析运行过程中出现的问题，对干扰性指标进行舍弃，最终确立指标体系。

1. 针对性

明确指标体系的建立是为效率评价目的服务的，指标需要全面直观地反映高校活动的核心本质，围绕效率的评价进行分解，清除无关或相关性较低的个别指标。牢记各个评价的真实目的，应选择恰当的细化指标，设置不尽相同的指标体系来适应目标。

2. 科学性

减少评价指标间的耦合关系，指标选择应能客观具体地描述事实，按照科学研究的路线，使评价指标既保有严谨性又具备简洁性。遵守科学性实际就是要求在科学理论的指导下，结合吉林省高等教育实际情况进行指标选取，尽量考虑国内外研究中的规则，去掉极端因素，选取客观且范围明确的指标，尽量做到科学和完善。

3. 可操作性

为确保效率评价工作的顺利进行，要求所选指标的内涵明确，符合研究内容实际情况，能准确地为研究目标服务，必须考虑客观的实际情况。也就是说评价对象必须进行量化，同时要易于从现存统计资料文件或公开网站中获取，或易于调查搜集。尽量实现统一口径，保证指标间的可比性。

4. 系统性

这项原则要求各个指标间应具有合理逻辑联系，保证指标体系能满足本研究评价主体对客体的要求，能够进行全面的评价研究。评价指标间的关系错综复杂，一部分指标互相联系，一部分又互相制约，应尽量避免体系内指标具有较强相关性。

第四节　指标选取

一、现有研究中的评价指标

DEA 在世界各地的高等教育效率评价中已实践多年，许多学者从不同侧面、评价目的进行过研究，因此整个研究的过程、对象乃至评价结果都存在不同。高等教育是个特殊且错综复杂的投入产出系统，各院校的投入是与高等教育高质量人才培育、科技探索、社会服务等职能对应的人力、财力和物质资源的投入，高校的产出基本上从人才培养、科学研究、知识创新、社会服务等形式的经济价值或社会效益方面来体现。高等教育投入和高等教育产出的指标选取，经过科学且客观的考虑，整个指标体系具有合理性、针对性、可操作性和系统化等特点。

由于各国高等教育活动存在较大差异性，因此本书在指标构建过程中主要参考国内学者的经验。经过文献梳理，可以发现我国大多数专家均认同人力方面的投入是最关键的投入指标，是高校活动中的主体部分。资金投入被视为仅次于人力的投入指标，是实现高校日常活动的根本条件。与高校的大量投入相比，我国高等教育产出量的测度更为复杂，选择指标时不仅应重视产出数量，还应考察产出质量，因此要站在全方位的视角去思索。

下面将国内学者近年运用数据包络分析法进行高等教育效率评价的学术论文加以筛选，并从投入指标和产出指标两个方面以表格的形式进行总结，为下文的研究提供参考和支撑。

表6-2　已有研究中的指标体系汇总

作者	投入指标	产出指标
陆根书等（2007）	科研人员数和辅助人员、政府拨款和其他经费	出版专著数、国外学术论文、国内学术期刊发表论文、获奖成果、专利授权数和技术转让收入
王惊涛（2010）	教职工总数、专任教师总数、国家财政拨款、学费、固定资产总值、教学科研设备总值	在校生数量、毕业生、国际一级期刊发表论文、专著、省级以上科研项目、省部级成果奖、就业率、横向科研项目收入
彭泽龙（2011）	教职工、全时研究与发展人员、教育经费、科研经费、国家和社会投入的其他经费、学习的固定资产	全国百篇优秀博士论文、国家和省部级各种科技奖、发明专利、鉴定结果、技术与专利转让
刘勇等（2013）	折合全时人员、当年科研经费内部支出、课题	专著、国内外论文数、鉴定成果数、当年实际收入、国家级奖项、优秀博士论文数

续表

作者	投入指标	产出指标
赵杨等 （2015）	教学与科研人数、科研人员高级职称比例、当年拨入的科技经费和科技课题总数	专著出版、学术论文发表、专利授权和技术转让当年实际收入
朱青 （2017）	教学与科研人员总量、科技经费	科研项目、学术论文发表、专利授权、科研专著出版、在校生
荀倩倩 （2018）	专任教师、信息化设备投资、预算内教育经费支出、科研经费	在校生数量、出版学术专著、R&D 科研成果和科研服务数目

二、本研究初选指标

本研究对象是吉林省高等教育，即在吉林省设置的高等院校，根据指标选取的原则，综合已有研究中的各位学者选定的指标，并考虑研究目的和吉林省高等教育的发展趋势，遵循数据包络分析方法的基本要求，即 DMU 中，需要符合所选的输入指标和输出指标和的 2 倍，不能超过决策单元总量，进行指标体系的建立。

具体的高校投入产出指标体系如下：

表 6-3　本次研究初选指标

投入	人力资源	专任教师数
		全时当量研发人员
		长白山学者
	财力资源	科技经费（万元）

产出	人才培养	本科生就业率
	科学研究	学术论文数（篇）
		专利授权和成果鉴定数（项）
	社会服务	技术转让收入（万元）
	国际交流	留学生

1. 指标选取

投入指标主要从人力资源和财力资源角度考量，物力投入每年变化幅度不大，且与财力资源投入存在交叉，不利于动态分析，因此被剔除。人力资源消耗的指标拟选的是专任教师数、研究与发展全时当量人员，以及长白山学者。教学是高校活动的重要部分，因而选择了承担在校生教学活动的专任教师，全时当量研发人员则主要是从事高校科研活动者，长白山学者是对省内学者的一种认可，是当前省内最高的自设学术称号；财力资源仅仅选择了科技经费，以考察资金对高校产出的影响。

产出指标主要从人才培育、科学研究、社会服务、国际交流这四个方面考虑。人才培养方面，由于部分高校没有设立研究生院，因此只对本科生毕业就业情况进行考量；科学研究方面选择了最为直观的学术论文数、专利授权和成果鉴定数指标；社会服务方面将技术转让收入作为唯一指标更为直观；国际交流是高等教育的新兴职能，留学生数、外籍教师数、参与国际大学组织联盟、举办重大全球性学术文化交流活动等指标都是重要的衡量项目。[①] 但因数据受限，当前进行的研究只选择了留学生在校数作为唯一考察指标。

---

① 陈丽媛，刘念才．世界一流大学建设的中国模式及其国际影响［J］．教育研究，2019（6）：105–115.

2. 各指标的内涵分析

（1）人力资源投入

本研究的主要目标是高等教育投入产出效率，由于人力资源具有明显的流动性，因此必须首选完成教学任务的专任教师数量；全时研发人员是世界上普遍认可的用来统计科研人力消耗的指标；长白山学者则是吉林省自主设立的省内高等学校最高学术称号，是指拥有国家级高端人才相应学术水平的学科领军人才。根据《高等学校科技统计资料汇编》中关于指标设置的注解，科学研究与试验发展可缩写为R&D。全时人员是进行研究与发展，包括科研管理等的时间占本人全部工作时长的90%及以上的科研人员，及工作时长在 9 个月以上的人员。按人头数量计算意味着进行研究的人员即使没有全时地参加，也按一个人进行累计；而全时当量一定是严格以投入研发工作时间的占比进行了折算后再核算。在全球广泛的高校投入产出效率的比较中通常是将全时当量人员列作对象，以了解各国实际投入研发人力。因此，本书还预选了研究与发展全时当量人员，列入人力投入的体系。

（2）财力资源投入

科研经费是各个大学实行科研活动的首要支撑，是高校获得的科研项目拨款经费，以及内部作为科研事业发展和保障的经费，如各类奖励资金、学术交流活动资助、校级科研项目资金等。科研经费的来源主要有政府资金、企事业单位委托和其他来源。政府资金是指历次来自政府的科研经费拨款，囊括了科研事业费、主管部门专项款以及其他专项费用。企事业单位委托经费则是来自校外企、事业单位的受委托项目经费。

（3）人才培养

本研究主要考虑培养人才的质量。毕业生就业率既体现了高校对学生的培养是否符合社会真实需求，又展示着高校毕业生在本区域甚至全国的核心竞争实力，助力实体经济。由于一部分高校暂未设置研究生院，因此只对本科毕业生的就业情况进行了测算。

（4）科学研究

学术论文数量能够基本反映本地区基础研究的发展程度，甚至是高校在国际学术研究成果的贡献和话语权，是新兴技术和新知识得到传播的又一有效路径。考虑到吉林省高校的主要目的是助力东北地区的经济振兴，且"双一流"高校数量较少，在国际学术影响力方面尚有欠缺，所以未选取 SCI 等更高水平成果的国际发表数量，而是看重了发表学术论文数这一数据；专利授权和成果鉴定数这一项，是衡量高校科技成果最直观的一个指标，专利存在即时性、创新突破性和实用价值。成果鉴定的数量则是判断科技成果水平和层次的有效手段，它可以激发科技成果利用商业化竞争，以及学术研讨上的广纳百家等更多路径斩获社会的认证，从而助推科技成果的巨大进步，早日转化造福人民。

（5）社会服务

本研究选取技术转让当年实收指标，是从新的角度将科研成果进行考察，它代表了在高校科研活动时形成的经济效益产出，是高等院校把已有科研创新成果转移到实体化经济利益的关键性考量项目。积极把创新成果早日转化为生产原动力，是带动区域科技水平上升的方法之一。

（6）国际交流

高等教育已经进入国际化竞争时代，学生跨国接受长期的高等教育或进行短时间的学术交流很常见，国际化办学受到前所未有的重视。全球化竞争意味着大学间的竞争，同样需要尊重国际竞争准则，并获得话语权。培养具有国际视野的世界公民是高校人才培养的重要目标①，因此，关注留学生数量这一指标可以有效衡量高校是否有效进行国际交流，承担对外交流的责任。

三、指标最终确立

在使用初选指标体系进行实证分析的过程中，技术转让收入这一指标存在大量零值，对实证结果造成极大干扰，只能暂时舍弃。全时当量研发人员的数据也存在大量异常，多次调整后，为保证实证结果更为精准，最终建立如下指标体系：

表6-4　本次研究终选指标

投入	人力资源	专任教师数（人）
		长白山学者（人）
	财力资源	科技经费（万元）
产出	人才培养	本科生就业率
	科学研究	学术论文数（篇）
		专利授权和成果鉴定数（项）
	国际交流	留学生（人）

---

① 闫月勤．我国高水平大学国际化人才培养喜忧盘点——基于四年"大学国际化水平排名"及数据统计［J］．西南交通大学学报（社会科学版），2017（1）：1-10.

第七章　吉林省高等教育投入产出效率实证分析

本章在选取样本并获取数据后，对吉林省18所本科院校的投入产出效率进行静态与动态分析。为提高吉林省高等教育投入产出效率与数据支撑，首先利用CCR、BCC模型进行DEA有效性评价，并对规模效率进行分析，从而对非DEA有效的高校进行投影分析，得出改进方案；其次，利用Malmquist指数对全要素生产率总体情况进行分析，并对各个高校状况进行详细分解；最终，对实证结果进行分析。

第一节　样本与数据说明

一、样本选取

民办高校利用非国家财政性经费来实施学历教育，截至目前，其师资力量和社会影响力等方面仍与公办院校有明显差异。同时，由于我国自 2013 年后才开始广泛组织编写《本科教学质量年度报告》和《毕业生就业质量报告》等报告，其他统计年鉴也具有较大滞后性，因此在考虑数据的可获得性和完整性后，本章选择利用吉林省公办本科高校 2014—2016 年的数据进行实证分析。根据教育部发布的全国高等学校名单，吉林省共有 25 所公办本科院校，但最终考虑到决策单元必须具有同质性，其中 7 所高校因学科门类设置差异性过大或重要数据大量缺失而被剔除。

最终，本书选取了吉林大学、延边大学、长春理工大学、东北电力大学、长春工业大学、吉林建筑大学、吉林化工学院、吉林农业大学、长春中医药大学、东北师范大学、北华大学、通化师范学院、吉林师范大学、吉林工程技术师范学院、长春师范大学、白城师范学院、长春工程学院、吉林农业科技学院，共计 18 所高校作为决策单元。

二、数据来源

本研究中列举的数据均来自《高等学校科技统计资料汇编》、各类统计年鉴、教育部和省教育厅相关公示文件、吉林省内各大高校官网和信息公开网页、本科教学质量报告、毕业生就业质量年度报告、青塔平台等公开网站。

第二节 模型选取

拟选取 CCR 模型、BCC 模型、Malmquist 指数模型对吉林省的高等教育进行投入产出效率的实证研究与分析。

一、CCR 模型

1978 年由美国的查恩斯和库珀研究提出的基础模型是基于投入进行的，并假设规模报酬不变 CRS，又称作 CCR 或 C2R 模型。该基础模型里，有 n 个生产技术能力相近的 DMU，任意一个 $DMU_j(j = 1, \cdots, n)$ 均具有 m 种投入要素和 s 种产出要素，这时投入产出组合为 $(x_{1j}, x_{2j}, \cdots, x_{mj}; y_{1j}, x_{2j}, \cdots, x_{sj})$。

全部 DMU 中效率表现最好的构造了一个生产技术前沿面，将被选取的 DMU 的观测点都包络在这个生产技术前沿上或在它的里面。在这个前沿面上的单元，就被众多学者称作 DEA 有效的单元，余下的被包络住的单元则被认为是非有效的。通过衡量非有效单元与技术前沿面两者间的距离，就能计算出最终的效率。

我们在将各个不同决策单元进行评价时，要将之视作只具备一个总体输入向量，同时也只具备一个总体输出向量的生产过程。

投入要素的权重向量为：$\omega = (\omega_1, \omega_2, \cdots, \omega_m)^T$

产出要素的权重向量为：$\mu = (\mu_1, \mu_2, \cdots, \mu_m)^T$

于是第 o 个决策单元 DMU_o 的效率评价表达式如下：

$$\begin{cases} \max \dfrac{\mu^T y_o}{\omega^T x_o} \\ \omega^T x_j - \mu^T y_j \geq 0 \qquad j = 1, \cdots, n \\ \omega \geq 0, \ \mu \geq 0 \end{cases}$$

此分式可以通过变换转化为线性规划形式，这样就能够使用求解线性规划问题的办法，进一步来得出决策单元 DMU_o 的效率。

线性规划表达式如下：

$$\begin{cases} max\ U^T y_o \\ W^T x_j - U^T y_j \geq 0 \\ \quad\quad W^T x_o = 1 \\ W \geq 0,\ U \geq 0 \end{cases} \quad j = 1,\ \cdots,\ n$$

下一步可得到的对偶规划表达式：

$$\begin{cases} min\theta \\ \sum_{j=1}^{n} \lambda_j x_j \leq \theta x_o \\ \sum_{j=1}^{n} \lambda_j y_j \geq y_o \\ \quad\quad \lambda_j \geq 0 \end{cases} \quad j = 1,\ \cdots,\ n$$

如上所示，λ_j 是线性规划的规划参数，θ 是 DMU_o 的技术效率（TE），技术效率值 TE 在 0 到 1 之间，随着数值的增大，意味着效率表现得越优秀。$\theta = 1$，则证明当前的效率为 1，此 DMU 处在生产技术前沿面上方，即处在 DEA 有效的最佳状态。

二、BCC 模型

上文提到的 CCR 模型是基于规模报酬不变假设后被提出的，并没有考虑到规模因素造成的影响。在实际生产过程中，很难出现所有 DMU 都正处在最佳状态的情形，影响因素繁多。在 CCR 模型表达式里面加入规划参数的约束 $\sum_{j=1}^{n} \lambda_j = 1$，就能够剔除规模因素，可以形成规模报酬可变假设下的一个新模型，即可称之为 BCC 模型。

具体表达式如下：

$$
\begin{cases}
min \ \theta^{'} \\
\sum_{j=1}^{n} \lambda_j x_j \leq \theta x_o \\
\sum_{j=1}^{n} \lambda_j y_j \geq y_o \qquad j = 1, \cdots, n \\
\sum_{j=1}^{n} \lambda_j = 1, \ \lambda_j \geq 0
\end{cases}
$$

$\theta^{'}$ 是纯技术效率值（PTE）。规模效率（SE）则为技术效率与纯技术效率的比值，可以得到 SE＝TE/PTE。

从规模报酬不变效率的边界到可变效率边界的距离就是规模效率（SE），可以测算增加投入的同时决策单元 DMU 的规模报酬是否会同比例增加。BCC 模型是不考虑生产可能集满足锥形的，能够用来测量分析各个 DMU 的相对技术有效性。

综合运用基础 CCR 和 BCC 模型来分解效率值，可以帮助研究者进行更全面的分析，对无效 DMU 进行分类，从而更好地发现决策单元效率不高的主因到底是技术性问题还是规模方面的问题。

三、Malmquist 模型

瑞典著名经济学家、统计学家斯顿·马姆奎斯特（1953）首先提出并使用了 Malmquist 指数，他的初衷是要分析各个阶段的社会消费变动。经过一段时间的发展，卡弗思等（1982）延伸了 Malmquist 生产率指数，对这种距离函数进行了定义。法勒、葛罗斯克普弗等

（1994）采用线性规划非参数的办法，构建了能将全要素生产率增长开展评价的 Malmquist 生产率指数，在距离函数条件上把全要素生产率增长重新分解为技术进步与效率变化。

Malmquist 生产率指数衡量的是样本全要素生产率的变化，并且以 DEA 方法计算得到的效率值为构建基础。通过获得距离函数的结果，再把距离函数的组合构建，可以取得 Malmquist 生产率指数。

规模报酬不变假设下，基于 t 时期的 Malmquist 可以表达为：

$$M_c^t(x_t,\ y_t,\ x_{t+1},\ y_{t+1}) = \left[\frac{D_c^t(x_{t+1},\ y_{t+1})}{D_c^t(x_t,\ y_t)} \times \frac{D_c^{t+1}(x_{t+1},\ y_{t+1})}{D_c^{t+1}(x_t,\ y_t)}\right]^{1/2}$$

Malmquist 指数大于 1，意味着 t 到 t+1 期的全要素生产率得到改善，处于增长阶段；Malmquist 小于 1，则意味着全要素生产效率正在退步；Malmquist＝1 意味着此阶段生产率并未变动。

Malmquist 指数进一步分解可得到代表了 DMU 相对于生产前沿的跳跃性的技术进步（TC）和代表 DMU 相对于生产前沿的追赶性的技术效率变化（TEC）。技术效率变化（TEC）又可以进一步分解为纯技术效率变化（PTEC）和规模效率变化（SEC）。分解表达式如下：

$$M_c^t(x_t,\ y_t,\ x_{t+1},\ y_{t+1})$$

$$= \left[\frac{D_c^t(x_{t+1},\ y_{t+1})}{D_c^t(x_t,\ y_t)} \times \frac{D_c^{t+1}(x_{t+1},\ y_{t+1})}{D_c^{t+1}(x_t,\ y_t)}\right]^{\frac{1}{2}}$$

$$= \frac{D_c^{t+1}(x_{t+1},\ y_{t+1})}{D_c^t(x_t,\ y_t)} \times \left[\frac{D_c^t(x_{t+1},\ y_{t+1})}{D_c^{t+1}(x_{t+1},\ y_{t+1})} \times \frac{D_c^t(x_t,\ y_t)}{D_c^{t+1}(x_t,\ y_t)}\right]^{\frac{1}{2}}$$

$$= \frac{D_v^{t+1}(x_{t+1},\ y_{t+1})}{D_v^t(x_t,\ y_t)} \times \left[\frac{D_c^{t+1}(x_{t+1},\ y_{t+1})}{D_c^t(x_t,\ y_t)} \times \frac{D_v^t(x_t,\ y_t)}{D_v^{t+1}(x_{t+1},\ y_{t+1})}\right]$$

$$\times \left[\frac{D_c^t(x_{t+1},\ y_{t+1})}{D_c^{t+1}(x_{t+1},\ y_{t+1})} \times \frac{D_c^t(x_t,\ y_t)}{D_c^{t+1}(x_t,\ y_t)}\right]^{\frac{1}{2}}$$

Malmquist 生产率指数的分解，证明全要素生产率正向变化是技术进步与技术效率综合提升的功劳，而技术效率的变动则是纯技术效率与规模效率共同变化的整体表现。我们可以把这看作技术进步效率、规模效率、纯技术效率三种指数变动的综合结果。Malmquist 现已成为各领域衡量生产率的主流工具。

第三节　静态分析

本书使用 DEA 方法对吉林省 18 所高等院校进行高等教育投入产出效率的研讨。在计算前，使用了 DEAP 来运行 DEA 效率分析，运用 CCR 模型和 BCC 模型对共计 18 所高等院校的高等教育投入产出进行详细的评价。

一、DEA 有效性分析

通过 DEAP 2.1 将吉林省 18 个 DMU 进行静态效率计算，得到了各院校投入产出效率结果。

参照表 7-1，得到具体分析如下：

表 7-1　2014 年吉林省高等教育投入产出效率分析数据

NO.	DMU	CRSTE	VRSTE	评价结果
1	吉林大学	0.777	1	非 DEA 有效
2	延边大学	1	1	DEA 有效

NO.	DMU	CRSTE	VRSTE	评价结果
3	长春理工大学	0.742	0.751	非 DEA 有效
4	东北电力大学	1	1	DEA 有效
5	长春工业大学	0.671	0.72	非 DEA 有效
6	吉林建筑大学	1	1	DEA 有效
7	吉林化工学院	0.502	1	非 DEA 有效
8	吉林农业大学	1	1	DEA 有效
9	长春中医药大学	1	1	DEA 有效
10	东北师范大学	0.398	0.455	非 DEA 有效
11	北华大学	1	1	DEA 有效
12	通化师范学院	0.808	1	非 DEA 有效
13	吉林师范大学	1	1	DEA 有效
14	吉林工程技师学院	1	1	DEA 有效
15	长春师范大学	0.739	1	非 DEA 有效
16	白城师范学院	1	1	DEA 有效
17	长春工程学院	0.946	1	非 DEA 有效
18	吉林农业科技学院	0.923	1	非 DEA 有效
	Mean	0.861	0.940	

2014 年上述吉林省高校的技术效率的平均值为 0.861，而纯技术效率的平均值为 0.940，即技术效率低于纯技术效率。在 18 所高校中有 9 所属于 DEA 有效，占总数的 50%，它们分别是延边大学、东北电力大学、吉林建筑大学、吉林农业大学、长春中医药大学、北华大学、吉林师范大学、吉林工程技师学院、白城师范学院，即证明上述院校的高等教育投入产出效率处在了最佳状态，在本次设定下，当前投入产出比例是科学的，应保持这样的趋势。

非 DEA 有效状态的院校有 9 所，是总体的 50%，它们是吉林大

学、长春理工大学、长春工业大学、吉林化工学院、东北师范大学、
通化师范学院、长春师范大学、长春工程学院、吉林农业科技学院。
这9所院校的纯技术效率均值都大于其技术效率均值，纯技术效率是
由内部各级的管理者能够加以掌控和改变的，通过改变高等教育投入
的结构和升级校内行政管理模式，能够对纯技术效率值较低的高校实
现优化。其中，吉林大学、吉林化工学院、通化师范学院、长春师范
大学、长春工程学院、吉林农业科技学院的纯技术效率值为1.000，
表示这6所院校的产出数量、行政管理效率比较合理，但DEA无效的
原因还需进一步详细分析。

表7-2 2015年吉林省高等教育投入产出效率分析数据

NO.	DMU	CRSTE	VRSTE	评价结果
1	吉林大学	1	1	DEA 有效
2	延边大学	1	1	DEA 有效
3	长春理工大学	0.658	0.717	非 DEA 有效
4	东北电力大学	1	1	DEA 有效
5	长春工业大学	0.68	0.69	非 DEA 有效
6	吉林建筑大学	1	1	DEA 有效
7	吉林化工学院	0.989	1	非 DEA 有效
8	吉林农业大学	0.797	0.806	非 DEA 有效
9	长春中医药大学	1	1	DEA 有效
10	东北师范大学	1	1	DEA 有效
11	北华大学	1	1	DEA 有效
12	通化师范学院	0.995	1	非 DEA 有效
13	吉林师范大学	1	1	DEA 有效
14	吉林工程技师学院	1	1	DEA 有效
15	长春师范大学	0.796	0.833	非 DEA 有效

NO.	DMU	CRSTE	VRSTE	评价结果
16	白城师范学院	1	1	DEA 有效
17	长春工程学院	1	1	DEA 有效
18	吉林农业科技学院	1	1	DEA 有效
	Mean	0.940	0.947	

经计算，2015 年吉林省高校的技术效率的均值是 0.940，而纯技术效率的均值是 0.947，即本年度纯技术效率略强于技术效率。

由表 7-2 显示的 DMU 效率可知，2015 年在吉林省 18 所本科中有 12 所属于 DEA 有效，占总数的 66.67%。它们分别是吉林大学、延边大学、东北电力大学、吉林建筑大学、长春中医药大学、东北师范大学、北华大学、吉林师范大学、吉林工程技师学院、白城师范学院、长春工程学院、吉林农业科技学院，上述吉林省院校的高等教育效率达到了当前的最佳状态，即投入产出比例是合理的，可以从表中看到，整体上优于上年情况。

非 DEA 有效的高校有 6 所，占总数的 33.33%。它们分别是长春理工大学、长春工业大学、吉林化工学院、吉林农业大学、通化师范学院、长春师范大学。这 6 所本科院校本年度的纯技术效率均值都高于其技术效率均值。其中吉林化工学院、通化师范学院的纯技术效率值均为 1.000，表示这 2 所高校的产出能力和管理水平都比较合理，但造成 DEA 无效的因素，还需进一步详细分析。

表7-3 2016年吉林省高等教育投入产出效率分析数据

NO.	DMU	CRSTE	VRSTE	评价结果
1	吉林大学	1	1	DEA 有效
2	延边大学	1	1	DEA 有效
3	长春理工大学	0.819	1	非 DEA 有效
4	东北电力大学	0.861	0.871	非 DEA 有效
5	长春工业大学	0.922	0.927	非 DEA 有效
6	吉林建筑大学	1	1	DEA 有效
7	吉林化工学院	1	1	DEA 有效
8	吉林农业大学	0.759	0.763	非 DEA 有效
9	长春中医药大学	1	1	DEA 有效
10	东北师范大学	1	1	DEA 有效
11	北华大学	1	1	DEA 有效
12	通化师范学院	1	1	DEA 有效
13	吉林师范大学	0.826	1	非 DEA 有效
14	吉林工程技师学院	1	1	DEA 有效
15	长春师范大学	0.96	1	非 DEA 有效
16	白城师范学院	1	1	DEA 有效
17	长春工程学院	1	1	DEA 有效
18	吉林农业科技学院	1	1	DEA 有效
	Mean	0.953	0.976	

经计算，2016年吉林省高校的技术效率的均值为0.953，纯技术效率的均值为0.976，即本年度的纯技术效率高于技术效率。

表7-3显示的决策单元的效率可知，2016年吉林省18所院校里共12所处于DEA有效，占总数的66.67%，它们是吉林大学、延边大学、吉林建筑大学、吉林化工学院、长春中医药大学、东北师范大学、北华大学、通化师范学院、吉林工程技师学院、白城师范学院、长春

工程学院、吉林农业科技学院，上述吉林省院校的教育投入产出效率处在了最佳状态，即投入产出结构是科学的。

非 DEA 有效的高校有 6 所，占总数的 33.33%，它们是长春理工大学、东北电力大学、长春工业大学、吉林农业大学、吉林师范大学、长春师范大学。这 6 所高校的纯技术效率都比其技术效率平均值高，尚有优化空间。其中长春理工大学、吉林师范大学、长春师范大学这三所本科的纯技术效率值为 1.000，表示这 3 所的产出能力和管理水平比较合理，但为何存在 DEA 非有效的状况，还需下一步详细测算分析。

二、规模效率分析

在实际的高等教育活动中，高等院校的规模会对生产效率产生巨大影响。规模效率也被称作规模收益，可以理解为技术效率同纯技术效率的比值，在不调整高等教育投入和产出结构时，凭借着规模状态改变就能提升技术效率状态。本书探究的是基于技术水平一定，吉林省是不是在基于合理投入时进行了高等教育活动，并根据规模效率状态来对所选样本的高等教育效率进行提升。

规模效率主要分为规模报酬递减、规模报酬不变、规模报酬递增这三类状态。专家认为的最优状态是规模报酬不变。规模报酬递增或递减都被认为是无效状态，需要进行优化改进，从而达到不变的最优情况。必须注意，在生产技术发生改变时，规模状态也要产生变化，才可以保持规模报酬不变。规模有效就是规模报酬不变，是在规模收益由递增到递减之间的最佳状态。当在"规模收益递增"的状态下，即随着规模的变大，效益也可以增加，应当增大高等教育活动的投入规模。需要注意的是，在投入的规模大到某种程度后，收益状态会从不变走向规模收益递减，此时高等院校要及时缩减投入，防止过度投入造成的浪费。

表7-4 2014年吉林省高等教育投入产出规模效率分析数据

NO.	DMU	SCALE	规模报酬分布情况
1	吉林大学	0.777	drs
2	延边大学	1	–
3	长春理工大学	0.989	irs
4	东北电力大学	1	–
5	长春工业大学	0.931	irs
6	吉林建筑大学	1	–
7	吉林化工学院	0.502	irs
8	吉林农业大学	1	–
9	长春中医药大学	1	–
10	东北师范大学	0.874	irs
11	北华大学	1	–
12	通化师范学院	0.808	irs
13	吉林师范大学	1	–
14	吉林工程技师学院	1	–
15	长春师范大学	0.739	irs
16	白城师范学院	1	–
17	长春工程学院	0.946	irs
18	吉林农业科技学院	0.923	irs
	Mean	0.916	

由表7-4可知，2014年18所吉林省院校中，共9所正处于规模

报酬不变的理想情况，它们分别是延边大学、东北电力大学、吉林建筑大学、吉林农业大学、长春中医药大学、北华大学、吉林师范大学、吉林工程技术师范学院、白城师范学院，此时的高等教育投入产出为最优。有 9 所院校属于无效的情况，只有吉林大学在规模报酬递减状态，可以通过缩小投入来改善；剩余 8 所本科正在规模报酬递增中，包括长春理工大学、长春工业大学、吉林化工学院、东北师范大学、通化师范学院、长春师范大学、长春工程学院、吉林农业科技学院，都可以适当扩大资源投入，以实现最佳状态，即转向规模报酬不变。

技术效率水平受到纯技术效率和规模效率的共同影响，2014 年在吉林省 9 所 DEA 非有效的学校中，有 6 所是规模效率降低引起的投入产出效率差，它们是吉林大学、吉林化工学院、通化师范学院、长春师范大学、长春工程学院、吉林农业科技学院；有 3 所学校的投入产出效率较差是因为纯技术效率和规模效率均低，它们是长春理工大学、长春工业大学、东北师范大学。

表 7-5　2015 年吉林省高等教育投入产出规模效率分析数据

NO.	DMU	SCALE	规模报酬分布情况
1	吉林大学	1	–
2	延边大学	1	–
3	长春理工大学	0.917	drs
4	东北电力大学	1	–
5	长春工业大学	0.985	irs
6	吉林建筑大学	1	–
7	吉林化工学院	0.989	irs
8	吉林农业大学	0.989	drs

NO.	DMU	SCALE	规模报酬分布情况
9	长春中医药大学	1	–
10	东北师范大学	1	–
11	北华大学	1	–
12	通化师范学院	0.995	irs
13	吉林师范大学	1	–
14	吉林工程技师学院	1	–
15	长春师范大学	0.955	irs
16	白城师范学院	1	–
17	长春工程学院	1	–
18	吉林农业科技学院	1	–
	Mean	0.991	

根据表 7-5 可知，本书所选的 2015 年吉林省 18 所大学中有 12 所正处于规模报酬不变的理想阶段，它们是吉林大学、延边大学、东北电力大学、吉林建筑大学、长春中医药大学、东北师范大学、北华大学、吉林师范大学、吉林工程技术师范学院、白城师范学院、长春工程学院、吉林农业科技学院，此时的高等教育投入产出情况为最优。

有 6 所院校属于规模报酬无效的情况，只有长春理工大学和吉林农业大学在规模报酬递减中，可以通过缩小投入来改善；剩余 4 所高校处于规模报酬递增状态，即长春工业大学、吉林化工学院、通化师范学院、长春师范大学，它们可以适当扩大投入规模，以实现最优状态。

技术效率水平受到纯技术效率和规模效率的综合干预，2015 年，在 6 所 DEA 无效的高等院校中，只有吉林化工学院是纯技术效率低造成的投入产出效率较差，而通化师范学院是由规模效率低导致的；有

4 所院校的投入产出效率差是因为纯技术效率和规模效率均不高，它们是长春理工大学、长春工业大学、吉林农业大学、长春师范大学。

表7-6 2016年吉林省高等教育投入产出规模效率分析数据

NO.	DMU	SCALE	规模报酬分布情况
1	吉林大学	1	–
2	延边大学	1	–
3	长春理工大学	0.819	drs
4	东北电力大学	0.989	irs
5	长春工业大学	0.995	drs
6	吉林建筑大学	1	–
7	吉林化工学院	1	–
8	吉林农业大学	0.994	drs
9	长春中医药大学	1	–
10	东北师范大学	1	–
11	北华大学	1	–
12	通化师范学院	1	–
13	吉林师范大学	0.826	drs
14	吉林工程技师学院	1	–
15	长春师范大学	0.96	irs
16	白城师范学院	1	–
17	长春工程学院	1	–
18	吉林农业科技学院	1	–
	Mean	0.977	

由表7-6可知，本书选取的2016年吉林省18所高校里，共12所大学处于规模报酬不变的理想状态中，它们分别是吉林大学、延边大学、吉林建筑大学、吉林化工学院、长春中医药大学、东北师范大学、

北华大学、通化师范学院、吉林工程技术师范学院、白城师范学院、长春工程学院、吉林农业科技学院，此时的高等教育投入产出状态为最优。

有6所院校属于规模报酬无效的情况，其中长春理工大学、长春工业大学、吉林农业大学、吉林师范大学这4所高校正处于规模报酬递减的状态，可以通过适度缩小高等教育投入规模来进行改善；东北电力大学、长春师范大学正处于规模报酬递增的状态，可以适当扩大投入数量，以实现最优状态，即规模报酬不变。

技术效率水平受到纯技术效率和规模效率的综合影响，2016年，在6所DEA无效的高等院校中，有3所大学是规模效率不高造成的高等教育投入产出效率较差，即长春理工大学、吉林师范大学、长春师范大学；另外3所，东北电力大学、长春工业大学、吉林农业大学的投入产出效率较差是因为纯技术效率和规模效率均不高。

三、非 DEA 有效高校的投影分析

为了对吉林省高等学院的教育投入产出效率进行更深化的探讨，本书列举 DEA 无效、技术效率和纯技术效率均不为1的大学，测算其高等教育投入产出效率值。为使本书选取投入产出的组合达到理想值，本书使用 DEAP 测算这些院校的投入冗余量和产出不足，并开展对应的解析，提供改进方案。

表 7-7 2014 年吉林省非 DEA 有效的高校产出不足

NO.	DMU	本科生就业率	学术论文数（篇）	专利授权和成果鉴定数（项）	留学生数（人）
1	长春理工大学	0	86.462	0	0
2	长春工业大学	13.595	0	0	0
3	东北师范大学	0	133.603	0	0

表 7-8 2014 年吉林省非 DEA 有效的高校投入冗余

NO.	DMU	专任教师（人）	长白山学者（人）	科研经费（万元）
1	长春理工大学	0	0	-25315.168
2	长春工业大学	-160.795	0	0
3	东北师范大学	0	-0.089	-5283.557

由表 7-7 和 7-8 可知，2014 年 DEA 无效的大学产出不足与投入冗余的状况不一。

具体问题如下：长春理工大学学术论文发表数量较少，而科研经费投入过多；长春工业大学本科生就业率存在不足，专任教师人数投入过多；东北师范大学学术论文发表数量不足，长白山学者和科研经费投入存在冗余情况。三所大学中，长春理工大学的科研经费投入冗余情况最为严重。

表 7-9　2015 年吉林省非 DEA 有效的高校产出不足

NO.	DMU	本科生就业率	学术论文数（篇）	专利授权和成果鉴定数（项）	留学生数（人）
1	长春理工大学	0	57.73	61.396	0
2	长春工业大学	0	0	0	0.067
3	吉林农业大学	0	0	0	0.007
4	长春师范大学	0	0	26.286	0

表 7-10　2015 年吉林省非 DEA 有效的高校投入冗余

NO.	DMU	专任教师（人）	长白山学者（人）	科研经费（万元）
1	长春理工大学	0	0	−23295.897
2	长春工业大学	−94.380	0	−1059.333
3	吉林农业大学	0	−0.002	−1907.045
4	长春师范大学	0	0	−754.494

由表 7-9 和 7-10 可知，2015 年 DEA 无效的院校具体状况不一。

长春理工大学学术论文发表数量不足，专利授权和成果鉴定数量也有明显缺少，但科研经费投入存在冗余状况；长春工业大学需要招收更多的留学生，且专任教师数量和科研经费的投入过多；吉林农业大学同样缺少留学生，但长白山学者和科研经费存在一定的冗余；长春师范大学的专利授权和成果鉴定数量存在不足，其科研经费投入略有冗余。三所院校里，可以看到长春理工大学的科研经费冗余情况最为严重。

表 7-11 2016 年吉林省非 DEA 有效的高校产出不足

NO.	DMU	本科生就业率	学术论文数（篇）	专利授权和成果鉴定数（项）	留学生数（人）
1	东北电力大学	0	0	0	0
2	长春工业大学	0	0	0	0.076
3	吉林农业大学	0	0	0	0

表 7-12 2016 年吉林省非 DEA 有效的高校投入冗余

NO.	DMU	专任教师（人）	长白山学者（人）	科研经费（万元）
1	东北电力大学	0	0	-11313.805
2	长春工业大学	-176.034	0	-2984.551
3	吉林农业大学	0	0	-4148.449

由表 7-11 和 7-12 可知，2016 年 DEA 无效的大学具体状况不一。

东北电力大学具有科研经费投入方面的过度冗余；长春工业大学缺少留学生，同时过多地投入了专任教师和科研经费；吉林农业大学存在科研经费指标的冗余情况。三所高校中，东北电力大学的科研经费冗余情况最为严重。

在使用 DEAP 对非 DEA 有效的吉林省高校进行投影分析时，可以继续计算如何进行改进，并提出有效方案。

表7-13 2014年长春理工大学投入产出改进方案

	变量	ORIGINAL VALUE	RADIAL MOVEMENT	SLACK MOVEMENT	PROJECTED VALUE
产出变量	本科生就业率	90.4%	0	0	0.904
	学术论文数（篇）	1073	0	86.462	1159.462
	专利授权和成果鉴定数（项）	192	0	0	192
投入变量	留学生数（人）	175	0	0	0.188
	专任教师（人）	1106	−288.193	0	830.807
	长白山学者（人）	5	−0.059	0	0.17
	科技经费（万元）	38005.2	−9788.047	−25315.168	2901.985

表7-14 2014年长春工业大学投入产出改进方案

	变量	ORIGINAL VALUE	RADIAL MOVEMENT	SLACK MOVEMENT	PROJECTED VALUE
产出变量	本科生就业率	91%	0	13.595	14.505
	学术论文数（篇）	1008	0	0	1008
	专利授权和成果鉴定数（项）	117	0	0	117
投入变量	留学生数（人）	3	0	0	0.102
	专任教师（人）	1119	−368.304	−160.795	589.901
	长白山学者（人）	3	−0.058	0	0.119
	科技经费（万元）	6451.7	−2123.492	0	4328.208

表 7-15　2014 年东北师范大学投入产出改进方案

	变量	ORIGINAL VALUE	RADIAL MOVEMENT	SLACK MOVEMENT	PROJECTED VALUE
产出变量	本科生就业率	99.25%	0	0	0.993
	学术论文数（篇）	838	0	133.603	971.603
	专利授权和成果鉴定数（项）	89	0	0	89
	留学生数（人）	104	0	0	0.152
投入变量	专任教师（人）	1490	−897.124	0	592.876
	长白山学者（人）	16	−0.308	−0.089	0.114
	科技经费（万元）	18843.1	−11345.373	−5283.557	2214.17

2014 年吉林省非 DEA 有效高校的具体优化方案如下：

根据表 7-13、表 7-14、表 7-15 可知，长春理工大学的纯技术效率为 0.751，为实现技术有效，在产出方面应该增加 87 篇学术论文，在投入方面应该减少 25315.168 万元；长春工业大学的纯技术效率为 0.72，在产出方面应该增加本科生就业率，在投入方面应减少 529 名专任教师，减少 1 名长白山学者，并降低 2123.492 万元的科技经费；东北师范大学当年的纯技术效率为 0.455，在产出指标上需添加 134 篇的学术论文，在投入方面需减少 897 名专任教师和 1 名长白山学者，同时减少 16628.93 万元科技经费。

表 7-16 2015 年长春理工大学投入产出改进方案

	变量	ORIGINAL VALUE	RADIAL MOVEMENT	SLACK MOVEMENT	PROJECTED VALUE
产出变量	本科生就业率	91.7%	0	0	0.917
	学术论文数（篇）	916	0	57.73	973.73
	专利授权和成果鉴定数（项）	187	0	61.396	248.396
	留学生数（人）	223	0	0	0.212
投入变量	专任教师（人）	1170	−400.335	0	769.665
	长白山学者（人）	5	−0.078	0	0.150
	科技经费（万元）	41347	−14147.561	−23295.897	3903.542

表 7-17 2015 年长春工业大学投入产出改进方案

	变量	ORIGINAL VALUE	RADIAL MOVEMENT	SLACK MOVEMENT	PROJECTED VALUE
产出变量	本科生就业率	87%	0	0	0.87
	学术论文数（篇）	960	0	0	960
	专利授权和成果鉴定数（项）	227	0	0	227
	留学生数（人）	19	0	0.067	0.176
投入变量	专任教师（人）	1108	−354.436	−94.380	659.184
	长白山学者（人）	4	−0.065	0	0.138
	科技经费（万元）	6334.7	−2026.394	−1059.333	3248.972

表 7-18　2015 年吉林农业大学投入产出改进方案

	变量	ORIGINAL VALUE	RADIAL MOVEMENT	SLACK MOVEMENT	PROJECTED VALUE
产出变量	本科生就业率	88.78%	0	0	0.888
	学术论文数（篇）	1932	0	0	1932
	专利授权和成果鉴定数（项）	129	0	0	129
	留学生数（人）	58	0	0.007	0.136
投入变量	专任教师（人）	1179	-239.135	0	939.865
	长白山学者（人）	5	-0.046	-0.002	0.180
	科技经费（万元）	11826.9	-2398.832	-1907.045	7521.023

表 7-19　2015 年长春师范大学投入产出改进方案

	变量	ORIGINAL VALUE	RADIAL MOVEMENT	SLACK MOVEMENT	PROJECTED VALUE
产出变量	本科生就业率	80.6%	0	0	0.806
	学术论文数（篇）	678	0	0	678
	专利授权和成果鉴定数（项）	56	0	26.286	82.286
	留学生数（人）	21	0	0	0.111
投入变量	专任教师（人）	937	-191.612	0	745.388
	长白山学者（人）	1	-0.026	0	0.1
	科技经费（万元）	2863	-585.469	-754.494	1523.038

2015 年吉林省 DEA 无效高校的优化方案如下：

根据表7-16、表7-17、表7-18、表7-19可知，长春理工大学的纯技术效率为0.717，为进一步实现技术有效，在产出方面应该增加58篇学术论文和62项专利授权成果鉴定，在投入方面则应该分别减少401名专任教师和1名长白山学者，并减少37443.458万元的经费投入；长春工业大学的纯技术效率为0.69，在产出方面应该增加留学生人数，在投入方面应减少449名专任教师和1名长白山学者，并降低3085.727万元的科技经费；吉林农业大学的纯技术效率为0.806，在产出方面应该同长春工业大学一样增加留学生数量，在投入方面需分别减少240名专任教师和1名长白山学者，同时还应减少4305.877万元的科技经费投入；长春师范大学的纯技术效率为0.833，在产出方面需要增加27项专利授权和成果鉴定，在投入方面需要减少192名专任教师和1名长白山学者，并减少1339.963万元的科技经费投入以达到最优效果。

表7-20 2016年东北电力大学投入产出改进方案

	变量	ORIGINAL VALUE	RADIAL MOVEMENT	SLACK MOVEMENT	PROJECTED VALUE
产出变量	本科生就业率	86.45%	0	0	0.865
	学术论文数（篇）	1347	0	0	1347
	专利授权和成果鉴定数（项）	144	0	0	144
	留学生数（人）	88	0	0	0.144
投入变量	专任教师（人）	966	-133.86	0	832.14
	长白山学者（人）	2	-0.021	0	0.13
	科技经费（万元）	17220.8	-2386.309	-11313.805	3520.686

表 7-21　2016 年长春工业大学投入产出改进方案

	变量	ORIGINAL VALUE	RADIAL MOVEMENT	SLACK MOVEMENT	PROJECTED VALUE
产出变量	本科生就业率	88.96%	0	0	0.8896
	学术论文数（篇）	971	0	0	971
	专利授权和成果鉴定数（项）	267	0	0	267
	留学生数（人）	29	0	0.076	0.190
投入变量	专任教师（人）	1193	-93.071	-176.034	923.895
	长白山学者（人）	2	-0.012	0	0.14
	科技经费（万元）	7498.4	-584.985	-2984.551	3928.864

表 7-22　2016 年吉林农业大学投入产出改进方案

	变量	ORIGINAL VALUE	RADIAL MOVEMENT	SLACK MOVEMENT	PROJECTED VALUE
产出变量	本科生就业率	88.42%	0	0	0.884
	学术论文数（篇）	1785	0	0	1785
	专利授权和成果鉴定数（项）	119	0	0	119
	留学生数（人）	114	0	0	0.157
投入变量	专任教师（人）	1182	-284.971	0	897.029
	长白山学者（人）	4	-0.049	0	0.154
	科技经费（万元）	14678.9	-3538.966	-4148.449	6991.485

2016 年吉林省 DEA 无效高校的优化方案如下：

根据表 7-20、表 7-21、表 7-22 可知，东北电力大学的纯技术效率为 0.871，为实现技术有效，在投入方面应该减少 134 名专任教师和 1 名长白山学者，并减少 13700.114 万元技术经费；长春工业大学的纯技术效率为 0.927，在产出方面应该增加留学生人数，在投入方面应减少 270 名专任教师和 1 名长白山学者，并降低 3569.536 万元的科技经费；吉林农业大学的纯技术效率为 0.763，在投入方面需减少 285 名专任教师和 1 名长白山学者，同时减少 7687.415 万元的科技经费投入。

第四节　动态分析

动态分析应选取 DMU 某个时间的序列上的数据，因此本书选取了可获得的数据，即 2014—2016 年的具体数据。指标选取与上一节相同，仍然利用 DEAP 进行相关数据计算。

一、全要素生产率总体情况分析

Malmquist 用来体现吉林省全要素生产效率的变动情况，Malmquist 可以分解为技术效率变化指数（effch）和技术进步效率变化指数（techch）。而技术效率变化指数又可以分解为纯技术效率变化（pech）和规模效率变化（sech）。Malmquist 指数模型主要是从技术效率和技术进步效率两个方面来察看生产力的持续发展状况。

技术效率变化指数，指的是在本来的技术水平程度下，效率水平发生的变动，即两个时期相对效率的变化，也被叫作"追赶效应"，用来考察 DMU 的生产力水平，即靠近生产前沿面的程度。如果技术效率变化高于1，意味着相对技术效率正在提升。在大学里，技术效率的变化主要来自行政管理和内部制度两者的提升，这两者有可能会引发资源的结构变更，进而使投入资源的配置率提高。

技术进步效率指数是用来评价 DMU 有没有实现技术的进步，即代表了两个时期生产前沿面的变化。技术进步效率的变动主要是由于相关人员的能力增强和设备的补充，若技术进步的效率超过1，则是由于技术进步带动了生产前沿面向上方转移。

表 7-23　2014—2016 年吉林省高校 Malmquist 指数及其分解

year	effch	techch	pech	sech	tfpch
2014—2015	1.114	0.892	1.017	1.095	0.993
2015—2016	1.019	1.034	1.035	0.985	1.053
mean	1.065	0.96	1.026	1.038	1.023

由表 7-23 可知，吉林省高等教育投入产出全要素生产效率已经形成了上升之势。

2014—2015 年，技术效率、规模效率变化、纯技术效率变化均大于 1，技术进步效率指数和 Malmquist 均小于 1。这意味着，这一阶段内，技术效率指数上升了 11.4%，技术进步效率指数则呈 10.8%的降低，纯技术效率提高了 1.7%，规模效率上升了 9.5%，Malmquist 指数呈 0.7%的降低。由此可见 2014—2015 年吉林省高等教育投入产出效率较差的主因是技术进步效率降低。

2015—2016 年，技术效率指数上升了 1.9%，技术进步效率指数上升了 3.4%，纯技术效率上升了 3.5%，规模效率呈 1.5% 的负增长，Malmquist 指数增长 5.3%。技术效率上升是此阶段高等教育投入产出效率提高的主因，即各大学在水平不变条件下提高了资源利用率，但规模效率仍需要提高。

综上所述，各阶段引发吉林省高等教育投入产出全要素生产率变动的主因也有差异。2014—2015 年，吉林省高等教育投入产出全要素生产率的降低是由于技术进步效率的降低；2015—2016 年，吉林省高等教育投入产出全要素生产率提高的主因是技术效率的增长。

二、高校全要素生产效率情况具体分析

1. 2014—2015 年吉林省各院校全要素生产效率情况和具体解析

表 7-24　2014—2015 年吉林省高等教育投入产出 Malmquist 指数情况

NO.	DMU	EFFCH	TECHCH	TFPCH
1	吉林大学	1.288	1.301	1.675
2	延边大学	1	1.17	1.17
3	长春理工大学	0.886	1.175	1.041
4	东北电力大学	1	0.889	0.889
5	长春工业大学	1.014	1.057	1.071
6	吉林建筑大学	1	0.937	0.937
7	吉林化工学院	1.969	0.552	1.086
8	吉林农业大学	0.797	0.147	0.117
9	长春中医药大学	1	0.964	0.964
10	东北师范大学	2.513	0.954	2.398
11	北华大学	1	1.105	1.105

续表

NO.	DMU	EFFCH	TECHCH	TFPCH
12	通化师范学院	1.232	0.826	1.017
13	吉林师范大学	1	1.004	1.004
14	吉林工程技师学院	1	1.776	1.776
15	长春师范大学	1.077	0.759	0.817
16	白城师范学院	1	1.005	1.005
17	长春工程学院	1.057	0.928	0.981
18	吉林农业科技学院	1.084	0.94	1.019
	Mean	1.114	0.892	0.993

由表 7-24 可知，2014—2015 年，Malmquist 指数大于 1 的高校有 12 所，它们分别是吉林大学、延边大学、长春理工大学、长春工业大学、吉林化工学院、东北师范大学、北华大学、通化师范学院、吉林师范大学、吉林工程技术师范学院、白城师范学院、吉林农业科技学院，占统计高校总数的 66.67%；Malmquist 指数小于 1 的大学有 6 所，它们分别是东北电力大学、吉林建筑大学、吉林农业大学、长春中医药大学、长春师范大学、长春工程学院，占总数的 33.33%。说明 2014—2015 年，省内超过六成的高等院校正处在全要素生产率指数上升的状态。

表 7-25 2014—2015 年 Malmquist 指数大于 1 的院校的具体情况

NO.	DMU	EFFCH	TECHCH	PECH	SECH	TFPCH
1	吉林大学	1.288	1.301	1	1.288	1.675
2	延边大学	1	1.17	1	1	1.17
3	长春理工大学	0.886	1.175	0.955	0.928	1.041
4	长春工业大学	1.014	1.057	0.958	1.058	1.071

NO.	DMU	EFFCH	TECHCH	PECH	SECH	TFPCH
5	吉林化工学院	1.969	0.552	1	1.969	1.086
6	东北师范大学	2.513	0.954	2.198	1.144	2.398
7	北华大学	1	1.105	1	1	1.105
8	通化师范学院	1.232	0.826	1	1.232	1.017
9	吉林师范大学	1	1.004	1	1	1.004
10	吉林工程技师学院	1	1.776	1	1	1.776
11	白城师范学院	1	1.005	1	1	1.005
12	吉林农业科技学院	1.084	0.94	1	1.084	1.019

由表 7-25 可知，高等教育投入产出 Malmquist 指数超过 1 的大学，生产效率上升有如下 3 类原因。（1）技术效率指数的提高，主要有吉林化工学院、东北师范大学、通化师范学院、吉林农业科技学院。（2）技术进步效率指数提高，主要有长春理工大学。（3）本期间技术效率指数和技术进步效率指数的共同提高，主要有吉林大学、延边大学、长春工业大学、北华大学、吉林师范大学、吉林工程技术师范学院、白城师范学院。

表 7-26　2014—2015 年 Malmquist 指数小于 1 的院校的具体情况

NO.	DMU	EFFCH	TECHCH	PECH	SECH	TFPCH
1	东北电力大学	1	0.889	1	1	0.889
2	吉林建筑大学	1	0.937	1	1	0.937
3	吉林农业大学	0.797	0.147	0.806	0.989	0.117
4	长春中医药大学	1	0.964	1	1	0.964
5	长春师范大学	1.077	0.759	0.833	1.293	0.817
6	长春工程学院	1.057	0.928	1	1.057	0.981

上述高等教育投入产出 Malmquist 指数增长小于 1 的大学，效率降

低的情况有如下 3 类原因：

（1）技术效率指数的降低，主要有东北电力大学、吉林建筑大学、长春中医药大学。（2）技术进步效率指数降低，主要有长春中医药大学、长春师范大学、长春工程学院。（3）技术效率和技术进步效率指数的负增长，有吉林农业大学，其中技术进步效率指数造成的影响最深。

2. 2015—2016 年吉林省各高校全要素生产效率和具体解析

表 7-27　2015—2016 年吉林省高等教育投入产出 Malmquist 指数情况

NO.	DMU	EFFCH	TECHCH	TFPCH
1	吉林大学	1	1.218	1.218
2	延边大学	1	0.774	0.774
3	长春理工大学	1.246	1.006	1.253
4	东北电力大学	0.861	1.097	0.945
5	长春工业大学	1.356	1.074	1.456
6	吉林建筑大学	1	1.075	1.075
7	吉林化工学院	1.011	1.111	1.123
8	吉林农业大学	0.952	1.055	1.004
9	长春中医药大学	1	0.929	0.929
10	东北师范大学	1	1.227	1.227
11	北华大学	1	1.285	1.285
12	通化师范学院	1.005	0.972	0.976
13	吉林师范大学	0.826	0.919	0.759
14	吉林工程技师学院	1	0.988	0.988
15	长春师范大学	1.206	1.03	1.242
16	白城师范学院	1	0.932	0.932

NO.	DMU	EFFCH	TECHCH	TFPCH
17	长春工程学院	1	1.038	1.038
18	吉林农业科技学院	1	1.004	1.004
	Mean	1.019	1.034	1.053

由表 7-26 可知，2015—2016 年，Malmquist 指数大于 1 的高校有 11 所，它们分别是吉林大学、长春理工大学、长春工业大学、吉林建筑大学、吉林化工学院、吉林农业大学、东北师范大学、北华大学、长春师范大学、长春工程学院、吉林农业科技学院，占统计高校总数的 61.11%；Malmquist 指数增长小于 1 的高校有 7 所，它们分别是延边大学、东北电力大学、长春中医药大学、通化师范学院、吉林师范大学、吉林工程技术师范学院、白城师范学院，占总数的 28.89%。其说明 2015—2016 年，吉林省超过六成的高等院校处于全要素生产率指数增长状态。

表 7-28 吉林省 2015—2016 年 Malmquist 指数大于 1 高校的情况

NO.	DMU	EFFCH	TECHCH	PECH	SECH	TFPCH
1	吉林大学	1	1.218	1	1	1.218
2	长春理工大学	1.246	1.006	1.394	0.893	1.253
3	长春工业大学	1.356	1.074	1.343	1.01	1.456
4	吉林建筑大学	1	1.075	1	1	1.075
5	吉林化工学院	1.011	1.111	1	1.011	1.123
6	吉林农业大学	0.952	1.055	0.947	1.006	1.004
7	东北师范大学	1	1.227	1	1	1.227
8	北华大学	1	1.285	1	1	1.285
9	长春师范大学	1.206	1.03	1.2	1.005	1.242

NO.	DMU	EFFCH	TECHCH	PECH	SECH	TFPCH
10	长春工程学院	1	1.038	1	1	1.038
11	吉林农业科技学院	1	1.004	1	1	1.004

这些高等教育投入产出 Malmquist 指数超过 1 的大学，效率的提高可划分成 2 类情况。（1）技术进步效率指数提高，主要有吉林大学、吉林建筑大学、吉林农业大学、东北师范大学、北华大学、长春工程学院、吉林农业科技学院。（2）技术效率指数和技术进步效率指数的共同提高，主要有长春理工大学、长春工业大学、吉林化工学院、长春师范大学。

表 7-29　吉林省 2015—2016 年 Malmquist 指数小于 1 高校的情况

NO.	DMU	EFFCH	TECHCH	PECH	SECH	TFPCH
1	延边大学	1	0.774	1	1	0.774
2	东北电力大学	0.861	1.097	0.871	0.989	0.945
3	长春中医药大学	1	0.929	1	1	0.929
4	通化师范学院	1.005	0.972	1	1.005	0.976
5	吉林师范大学	0.826	0.919	1	0.826	0.759
6	吉林工程技师学院	1	0.988	1	1	0.988
7	白城师范学院	1	0.932	1	1	0.932

高等教育投入产出 Malmquist 指数小于 1 的大学，生产效率的降低分为 3 类情况。（1）技术效率指数的降低，只有东北电力大学。（2）技术进步效率指数降低，主要有延边大学、长春中医药大学、通化师范学院、吉林工程技术师范学院、白城师范学院。（3）技术效率指数和技术进步效率指数的负增长，主要有吉林师范大学，其中技术效率指数降低造成的影响最大。

第五节　实证结果分析

上一节运用 DEA 方法，对吉林省 18 所大学的教育投入产出效率进行了分析；选取 2014—2016 年的数据对吉林省高校教育投入产出效率动态进行分析。由分析结果可知，在被分析的吉林省 18 所省属高校中，2014 年有 9 所高校达到 DEA 有效，2015 年有 12 所高校达到 DEA 有效，2016 年有 12 所高校达到 DEA 有效。吉林省高等教育在投入产出方面有待进一步改善，本研究利用投影分析原理对其余非 DEA 有效的院校开展分析，列举其中的投入冗余量和产出不足量，可得到这些大学能够优化的空间。在进行整体和分阶段的动态分析时，本研究从技术效率变化指数和技术进步效率变化指数来对高等教育的发展趋势进行分析，并积极寻找其效率提高或下降的缘由。

具体分析如下：

1. 2014—2016 年超过半数大学正在 DEA 有效与规模报酬不变时期，即大学的资源配置较为合理。经过计算可知，18 所吉林省高校中，2014 年有 50% 的高校达到了 DEA 有效和规模报酬不变，非 DEA 有效的 9 所高校里只有 1 所存在规模报酬递减，其他 8 所则居于规模报酬递增时期；2015 年有 66.67% 的大学处于规模有效和 DEA 有效状态，DEA 无效的 6 所大学中有 2 所属于规模报酬递减时期，4 所处于规模报酬递增时期；2016 年 66.67% 的大学处在 DEA 有效和规模报酬不变的最优情况，其余 6 所大学里有 4 所处于规模报酬递减，2 所处于规模报酬递增。正处在规模报酬递增时期的高校，应抓住时机积极增加资源的投入，而小部分处于规模报酬递减的各院校，需要调整原有的投入计划，使高校资源投入量合理化，同时应深入挖掘导致效率低下或无效的因素。

2. 本研究中 DEA 非有效的高校，主要存在科技经费投入过多和专任教师投入过多的情况。因此，应适当减少专任教师的人数，合理投入资金，让人力资源和经费得到充分利用。在产出方面，继续加强留学生的吸纳，增加国际高校合作交流频率，培养具有国际视野的人才，还要促进专利授权和成果鉴定数量增长，助力社会的科技创新发展。在重点关注产出个数之外，更需要强调产出成果的质量。

3. 通过分析表明，大学投入产出全要素生产效率增长的主因是技术进步效率变化和纯技术效率变化指数的提高，其中可知技术进步效率变化指数发挥的作用较大。技术效率变化指数和规模效率指数的降低，对本阶段的全要素生产率造成了不良影响。在吉林省高等教育全要素生产效率上升的过程中，技术进步效率指数占有主导地位，全要素生产效率和技术进步效率指数的变化存在同步性，因此想维持增长势头，必须从技术进步的上升性入手。

第八章　国外高校投入产出经验及借鉴

本章对法国和加拿大两个发达国家在高等教育投入产出效率提高方面的经验进行总结，着重归纳了其对我国高等教育发展具有的现实意义的举措，以期为吉林省乃至全国提高高等教育投入产出效率提供参考借鉴。

第一节　法国提高高等教育投入产出效率的经验启示

一、通过立法构建高等教育评价制度

法国 1985 年开设国家评估委员会，该组织享有独立管理权；2007年成立了高等教育与研究评估署，该组织于 2013 年被研究与高等教育评估最高咨询理事会所取代，开始对高等院校进行全方位的评价。法国颁布了《研究规划法》和《高等教育与研究法》，通过立法的形式，从根本上保证了高等教育质量，给予评估机构部分自治决定权，避开

国家科研或教育部门的种种限制。高等教育机构的评估可以依据相关的法律法规，采取强有力的质量控制、质量审核，以及后期质量评估等工作办法。这既保证了客观性，避开政府干扰，也避免了评估中出现的混淆，将研究中使用的指标、评估工作的范围进行了划分。此外，为保障评估活动的公平性，还发布了《评估章程》《评估伦理道德规章》等自治法，以避免评估机构和被评估高校间出现各类冲突。

法国评估高等教育时详细进行了高校类型、高校层次的区分，按被划分的类别进行评估并提供具体结果，协调各个独立的专家小组开展评价。法国政府将管理者决策、财政资金拨款与评价结果排名有机结合，建立适合高校评价的模型；扩宽评价范围，同时考察全校教学质量和办学水平，还向每个学科、教师等进行真实的评价；建立长期回访机制以获取一手资料，同时强调大学要坚持自我提升，才能提高高等教育产出的数量与质量。

二、推进"互联网+教育"，冲破时间与空间障碍

2017年1月，法国高等教育部门发布了《高等教育与科研白皮书》，该文件基于世界教育发展趋势和国内现状，为法国2017—2027年的高等教育发展提出一系列投资目标，其中3000万欧元被用于近三年的高等教育数字化改革活动。白皮书实际上从国家层面进行了数字化教育的推进工作，积极传导现代开放的教育理念，开发高等教育数字化平台，既扩大名师教学活动受众范围，又基于在校生学习的倾向性给予个人选择权、评价权。此外，慕课等在线课程还能够为身居境外的法国人，甚至是外籍人士提供优质教育资源，不必拘泥于时间与

地点，提高高等教育资源利用效率。

法国利用各类招聘和就业平台的大数据，对应届毕业生和往届毕业生进行调查，并从中计算得出高校教学质量、毕业生就业方向与质量、职业匹配度等情况，为高校进一步提高教学水平、转变学科专业设置与课程体系提供数据支撑，使高等院校真正顺应行业与产业发展趋势。

三、法国大力推动产学研，建立成果发表制度

2016 年，法国政府颁布了《新实习生法案》，目的是维护法国国内学生实习时的合法合理权益，用法律的手段促进学生积极投入实习生活，同时严格要求各企业承担社会责任，降低合作过程中出现纠纷的可能性，保障企业和学生双方都可以迅速进入角色。产学研合作目前在法国创新发展和社会经济发展中扮演着重要角色，呈多元化趋势，科技成果转化率远超全球多数国家。法国设立了国家科学研究中心，所有的研究机构和企业都以它为中心，同时积极利用科技中介机构对产学研合作中出现的发表问题，尤其是利益分割方面的问题进行统筹调节。

第二节　加拿大提高高等教育投入产出效率的经验启示

一、政府充分支持高校自主发展

加拿大高等教育以政府投入为主导，支持高校自主发展，按照国家宪法和各省的法规，加拿大政府不直接对高等教育的管理进行干预，管理权隶属于加拿大省一级的政府，公办大学拥有高度的办学自主权力，与属地企业发展形势相关，侧重于区域经济发展。加拿大政府委托第三方进行科学评价，并指导大学提升办学水平，每个时期都检验教育质量，这样才能紧跟产业升级脚步；提出所有大学都要坚持自评，即提倡自律行为，各级教育部门定期根据第三方评价结果进行信息公开。国家提倡所有院校发扬特色和原有优势，坚持个性差异化发展，杜绝任何形式的恶性竞争，抢占资金。任何大学的相同专业都具有类似的办学质量，这是因为加拿大高校集体遵循统一的质量标准，且接受第三方的办学质量绩效评价，通常选取应届毕业率、应届就业率、企业回馈、在读学生满意情况、毕业生满意情况共五项绩效指标，并依据评价结果进行院校水平与层次的划分。

二、积极进行高校科技成果产业化，产学研良性互动

政府设置了囊括创新功能的规划与管理组织机构，在科技成果转

化的任何步骤里都提供极大支持。为保证各方都顺利得到帮助和支持，加拿大政府调整了原有机构的设置，并开启新增计划，如工业研究辅助计划、加拿大技术伙伴计划，甚至是商业公司。通过实施激励性政策和公益性机构帮扶，服务型政府自始至终都关注着科技成果转化的发生过程，力求建立明确的法律支撑，界定高校知识产权的归属问题，明确来源、经费使用账单，最终引导成果转化及利益分配合理透明化。

加拿大为实现科研成果的转化，官方明确了高校服务于社会经济这一功能，指出追求科技成果进行商业化是合理合法的；高校、研究机构与企业的产学研合作是互利互惠的，并设立产学研合作专项基金，推进科技成果转化和产业化工作；开展科技成果转化与加强在校生的社会实践能力、创新意识结合，鼓励在校生进行实习，参与其中。将高校拥有的大量高水平人才、实验设备与仪器与企业强大的社会关系网和资金支撑进行强强联合。

三、实施多种高等教育拨款机制

加拿大政府向高等教育的拨款主要有三种类型。第一种公式拨款法，是按高校类别、所设专业、具体项目进行配置，按照公式计算来确定本次财政拨款的数额。第二种合同制拨款法，开展拨款项目时用竞标的办法选拔合格的高校，在签订合同后给予资金，充分调动各大学的公平竞争意识，带动高等教育学术活力，增强科研成果质量。此举能够使竞得招标的高校受到有效督促管理，充分考虑目的不同的高校选择更适合自身发展项目的可能性，实质上也扩大了高校的自主权。第三种拨款方法是绩效拨款法，即按照高等教育办学效益、科研效率等高等教育投入产出效率的高低进行拨款安排，既考虑产出的数量，又考虑质量。绩效拨款法中首先要进行效率的指标体系建立，这是一个复杂过程。一般来说，指标的确定方式比较复杂，高等教育质量评价机构要求对应届生毕业率、毕业生就业率、政策落地情况、院校未来发展策略等指标进行考量，最终以效率值和排名顺序进行高等教育拨款。

四、注重国际合作，为高质量发展提供基本条件

加拿大本土生源有限，但其高等教育水平在北美地区属于顶尖梯队，在世界上也位居前列，具有一批世界一流高校，如多伦多大学、麦吉尔大学、不列颠哥伦比亚大学、女王大学等。当地许多省市把开设国际教育作为一个新型产业来对待，把比较独立的地方高等教育体系进行统筹规划，各大学均高度关注国际教育交流与合作，牢牢遵循培育国际人才、多元人文气息、增加经济收益等目标来进行工作，同时也为加拿大本国吸纳高水平国际人才、填补劳动力空缺提供保障。加拿大提出教育国际化是社会长期发展的必然结果，这不但是一种途径，还是现代高等教育的未来目标，只有当发展程度较高时才能与大量海外高校协作。加拿大各省的国际化人才流动，主要通过招收留学生、推动本国学生进行国际交流、选聘海外人才作为教师、开展国际合作办学等方式，力求将自发培养、引进、输送国际人才三者形成循环，致力于服务加拿大整个经济社会发展的需要，以产业风向为方向，坚持对国际合作提出清晰的目标。

第九章 吉林省高等教育投入产出效率提升策略

吉林省在主体政策的约束背景之下，完成地方政府对教育的财政投入力度达到吉林省 GDP 的 4%，使教育经费在不同教育主体之间进行合理分配，加强对教育事业发展的重视，将教育事业发展目标列为地方发展的考核指标之一。教育事业的投入在短时期内虽然不会对经济起到反哺作用，但是人才竞争就是区域之间的本质竞争，所以，政府不能只注重追求短期利益而忽视教育的重要作用，要充分发挥其在财政投入方面的主体作用。当前教育部门及财政部门对高校的相关支持政策不配套，高校需要政府大力鼓励并支持其从多方面进行筹资，且需要出台政策来完善其内部的经费结构。在产教融合的背景下，政府可鼓励高校大力发展校办产业，为社会提供更多的创新型服务，同时增加学校收入。在财政支持的政策当中，也有相关的税收优惠支持。在企业所得税方面，社会对高等院校的公益性捐赠可以在其计算企业所得税前扣除；在增值税方面，对校办企业取得的收入也应有相应的免税办法。

第一节　完善政府拨款机制，强调绩效与动态评价

由于长期缺乏对高等教育财政拨款的细化考核，导致规模大的地方高等院校财政拨款较多，而规模较小的地方高等院校只能获得少数的财政拨款。从院校设立的目标、未来发展战略和承担社会责任的角度来考虑，过去设置的"985""211"工程院校，或现在最新选拔的"双一流"大学和"特色水平大学"，优先获取大量项目拨款和各类科研资源是合乎情理的，但如果只重视大量投入而轻产出，将加快资源分配不均的速度，甚至影响高等教育资源配置的效率。由于我国公立高校的办学经费基本来自政府拨款，因此更要重视绩效在高等教育财政改革中的特殊地位。

利用绩效性拨款法可以调动我国各省市高等教育日常教学、科技创新、提供社会性服务等活动开展的积极性。完善新时代高等教育投入机制，把我国拨款机制建立在效率评价分析的基准上，即政府在各阶段财政政策制定之时就开启激励模式。随着我国高等教育进入普及化时代，高等院校在校生规模不断扩大，完善现行高等教育财政拨款机制也是顺应高校拨款模式改革的趋势。我国应提倡高等教育的投资结构科学化，降低经费冗余率，长期观测高等教育投入产出效率，准确记录每个评价时期的投入冗余情况和产出不足情况，促使有限的资源投入转化为更多高质量成果产出。

今后，在考量高等教育院校规模、在校人数及教师数量后，再参考高校效率评价结果，实行"生均额+项目资金+绩效奖励"的综合拨

款模式。对高等教育投入产出效率不断提高、产值增长较快的高校，可以根据高等院校现有的办学效率水平与原效率的差值、发展前景给予额外鼓励性拨款，最大限度提高财政拨款投入效率和效益，促成高等教育资源的配置最佳化。此外，对我国高等教育发展缓慢地区及偏远高校实施补偿性拨款，与其他拨款模式进行结合，既发挥综合型拨款模式的整体优势，又加速各个区域高等教育公平与效率的实现。

第二节　推动产学研协同创新，助力科研成果转化

培育我国协同创新文化，让大众理解并能够认同这种创新发展意识。基于当地产业发展现状与未来趋势，进一步推动高校、政府、企业之间的深层合作，以实现各生产要素最优合作，增强高校科技创新活动的积极性，提高科研成果的实用性。推动人才培养和科学研究与产业需求紧密结合，优化学科专业布局，打造产学研教育共同体，提倡"订单式"毕业生培养模式。进一步鼓励本地企业主动招收、安排学生短期实习和长期实践，提供与所设专业高度相关的优质岗位，帮助学生提前步入就业之路，并鼓励中小型企业同样进行自主创新。有效填补原来地方院校人才培养与企业实际需求不符造成的空白，解决高校人才培养与企业接口问题，为属地经济腾飞培养国际高质量创新应用型人才。应该进一步规范化和制度化学生在校期间的实践安排，避免高校安排的教学时间与个人重要择业期冲突，以便于学生更好地完成学业和实现理想就业。大力推进产学研一体化进程，高校与企业可以互相提供无偿的培训项目，强强联手推进研发与教学相结合，带

动产业良性发展。行业发展需参与到产品的研发与高校教学科研活动中来，共同实现地方创新发展，建立循环发展的地方经济体系。

针对产学研领域出台符合我国国情的专项法律，填补立法领域的空白，尤其是关于各方利益分配、成果产权保护、权益和责任义务的承担。发挥科研中介的补充功能，减少因权责分歧、利益纠纷造成的产权案件。成果转化作为高校科技活动的重要组成部分，地方各院校应指引科研工作内容与区域发展需求有机贴合，积极为本地企业解决技术管理难题，为支撑地方经济发展转型升级提供源源不断的有效支撑；要完善科技成果评价考核机制，特别是增加应用性科技成果的认定权重，及时将科研成果转化为促进区域产业转型升级发展的重要驱动力量。

第三节 响应我国"双一流"建设，开启吉林省省内"双特色"办学

地方高校是当地社会经济发展的重要力量，也是人文建设的引导者之一，开启吉林省省内"双特色"办学建设，首先要提高高校科研水平和创新能力，面向社会发展战略需求，拓展学科服务领域。国家评判是否符合"双一流"标准时，实质上就是在同步考察实力与效率，因此评价并提升高校投入产出效率，是我国"双一流"建设的必要性。中国是世界国土面积第三大的国家，疆域辽阔，各地人口分布和地理环境情况有所不同，建立跨省区的联盟，加强省一级教育资源的结构整合，尤其是要进行办学理念、科学研究、教学内容等深度交

流合作，减少区域间高等教育的距离。正确认识自身的不足，扎根地方，聚焦当地原本的区位特色和学科特色，科学明确办学定位，缩小地区差距，加大国家为地方发展提供的智力支持。未来各地区高校专业设置以及专业课程、通识课程的安排上也应充分考量本地经济产业结构，保证教学安排的系统性长期有效。尽量缩小与社会需求的滞后距离，保持学科专业多元化发展的同时，要与我国经济产业发展步伐一致，培养适应当今社会需求的全方位人才。

第四节　重视科研人才与专任教师质量，加强发展性激励

高层次科研人才是推动高校科研发展的第一要素，高水平专任教师则是办学水平的关键，这种人才资源具有不可替代性。我们可以理解为一流高校必须拥有一流人才，因此高校发展要转向以人为本，注重人才在创新体系中的核心地位。吉林省虽然拥有一支庞大的教师队伍，但个人教学水平和科研能力参差不齐，如果想实现人才强校，急需提升整体素质。各高校应实施全球科研创新人才引进与培养计划，吸引高层次国际人才前来合作，提高本土高等学校人力资本累积。

中国现行的高校教师绩效评价基本上以奖惩性模式为主，可以基于教师发展性理论，将奖惩性评价与发展性评价有机结合，即强调高等院校专任教师绩效的长远意义，要符合高校教师自发性成长的追求，最大程度激发其专业领域潜能。物质和精神上有双重保障才能使人才有归属感。建立合理奖励机制，继续加强新工科建设，为积极给

大学和社会带来效益的高校人才进行奖励与表彰，充分发挥激励作用，同时也让科研人员和专任教师认识到知识产权的关键地位。如今，我们必须积极关注国家发展的优先学科与核心行业，聚焦我省重大战略与项目的紧急需求，紧随国际科技前沿的脚步，在国家创新体系中贡献自身的创造力；在科学技术创新、学术创新和地方创新时，激发高校增加科学性投入，提升地方高校为教育投入产出水平提供的支撑。

当今企业的高效生产是因为实现了机械自动化生产，而这又离不开科技人员的研发和技术人员的日常操作，同理，高素质的科研人才是科研活动的根本，是高校竞争力的核心力量。由此可见，在建设高水平的实验室后，高校更应引进国内外先进人才，培育高素质科研团队。

第五节 高校对外交流的"引进来，走出去"步调一致

加强海外交流与合作，提升中国高校国际化办学水平，是当前我国高校最佳选择。我国高校应深入完善科教人员国际学术交流、科学研究合作模式，助力科研项目的顺利启动，并灵活安排交流期限，给高等教育科教工作人员进行中长期科研计划提供有利条件。科研管理者应积极帮助科研人员融入世界知识创新网络中，以多种合作形式继续深化与国外科技研究前沿的交流与合作，重视有强大国际影响力的科研人才、学术带头人的模范和号召作用，共同攻克科技前沿问题。现代高等教育必然要走向国际化发展的道路，国际学术交流能够传播新兴技术和先进学术思想，提升我国当前学科建设水平，直接向发达

国家的高等教育学习有益经验是当前最佳路径之一。

继续深入发展中外合作办学，在鼓励本土学生海外留学或短期交流的同时，急需加强对外籍学生来华留学的重视程度，抓住机遇，重点吸纳"一带一路"沿线地区的留学生，履行高等教育在对外交流方面的责任与义务。

第十章　结　论

第一节　结论

1. 经过计算，吉林省 18 所高等院校在 2014 年技术效率均值为 0.861，纯技术效率的均值为 0.940，规模效率的均值为 0.916，有 9 所大学处于 DEA 有效，占整体的 50%；2015 年吉林省高等院校的技术效率的均值为 0.940，纯技术效率的均值为 0.947，规模效率均值是 0.991，有 12 所属于 DEA 有效，占总数的 66.67%；2016 年吉林省高等院校的技术效率的均值为 0.953，纯技术效率的均值为 0.976，规模效率均值是 0.977，有 12 所属于 DEA 有效，占总数的 66.67%。说明吉林省高等院校的教育投入产出效率正处于上升趋势。

2. 针对 DEA 非有效的高校进行投影分析，详细处理并得到了这些院校的效率值，下一步依据本期投影值、3 个资源投入指标的冗余量、4 个产出指标的不足量，给出理想目标和具体改进方向。同时处于投入过度冗余和从产出数量不足状况的高校数量较少。

3. 为弥补单独使用静态分析的不足，利用了 Malmquist 指数对吉林省高等教育投入产出效率进行动态分析，同样选取了 2014—2016 年的数据。通过实证结果可知，吉林省的高等教育投入产出效率整体上呈现了上升趋势，但导致具体某所院校全要素生产效率上升和下降的原因不尽相同。

第二节　展望与不足

1. 本书选取的是 2014—2016 年的数据，数据选取年限稍短，减弱了参考性。中国自 2013 年后才开始广泛组织编写《本科教学质量年度报告》和《毕业生就业质量报告》等公开信息，前期没有形成统一的项目内容和计量规定，各校数据的时间节点和翔实程度都不同，难以获取 2014 年以前的准确数据。由于部分年鉴的出版时间滞后，2016 年以后的部分数据也暂无法完整获得，以及部分高校的信息未公开或文件失效导致被剔除。数据的缺失会影响投入产出效率评价，其借鉴意义也稍显不足，希望未来各部门和各高校能够积极有效地公开高校数据。

2. 投入产出指标体系的选择仍具有局限性。目前有许多投入指标无法进行量化，如校方给予的精神鼓舞、教师个人魅力、学习氛围，甚至是各个专业自身存在的特质等。产出方面也很难衡量培养学生的质量，究竟什么样的毕业生可以称为人才？发表多篇高水平论文的毕业生和成功创业的毕业生可以归为同一类吗？另外，高校一般只追踪了毕业生就业半年或一年内的情况，此后的真实职业发展无从得知。

由于当前学术研究中没有统一的指标体系，包括笔者在内的多数研究者仅凭对已有研究的归纳和个人主观偏好进行体系建立，当指标发生改变时，原始数据也会变化，随之带来的是实证结果的变化，即效率值的变化。

3. 本书将"双一流"高校与其他进行比较，其合理性还需探讨。吉林大学、东北师范大学、延边大学均为"双一流"建设高校和"双一流"专业建设高校，目前与省内其他高校的教学水平、科研水平、生源存在较大差异，本书暂时没有区分，只能在后续研究中再做考虑，如按照综合型大学、理工类大学、农林类大学等实施区别性讨论。

4. 本书使用的 3 种 DEA 模型是比较经典和基本的，实际上 DEA 模型的研究应用已经有了许多进展，随着广义 DEA 模型的发展，如无限个 DMU 的 C2W 模型、超效率 DEA 模型、含主体偏好 C2WH 模型等，后续研究者可以选择更新更复杂的模型对高等教育投入产出效率开展测算分析，或使用混合型研究方法能够更好地进行效率评价。

参考文献

［1］中共中央国务院.中国改革和发展纲要［EB/OL］.中华人民共和国教育部，1993-02-13.

［2］我国新增劳动力平均受教育年限超过 13.3 年.［EB/OL］.人民网，2017-09-29.

［3］庆祝中华人民共和国成立 70 周年活动新闻中心举办第二场新闻发布会［EB/OL］.中华人民共和国国务院新闻办公室，2019-09-26.

［4］教育部.1998 年全国教育事业发展统计公报［Z］.1999.

［5］国家中长期教育改革和发展规划纲要工作小组办公室.国家中长期教育改革和发展规划纲要（2010—2020）［Z］.2010.

［6］教育部.2016 年全国教育事业发展统计公报［Z］.2017.

［7］教育部.2017 年全国教育事业发展统计公报［Z］.2018.

［8］教育部.2018 年全国教育事业发展统计公报［Z］.2019.

［9］徐辉.新时代的中国高等教育：成就、挑战和变革［J］.高等教育，2018（8）：67-72.

［10］姜璐，李玉清，董维春.我国高等教育结构与产业结构的

互动与共变研究——基于系统耦合关系的视角［J］. 教育科学，2018（3）：59-66.

［11］闵维方. 从经济视角看我国面向 2035 年的高等教育发展战略［J］. 教育与经济，2018（2）：3-9，42.

［12］刘和忠. 树立正确的高等教育质量观［N］. 中国教育报，2002-04-29.

［13］THEODORE SCHULTZ T. Invest in Human Capital［J］. American Economic Review，1961（51）：1-17.

［14］EDWARD F DENISON T. How to Raise the High-Employment Growth Rate by One Percentage Point. American Economic Review［J］，1962（52）：67-75.

［15］JAMES COLEMAN T. The Concept of Equality of Educational Opportunity［R］. Harvard Education Letter. 1968.

［16］Lucas R. On the mechanics of economic development［J］. Journal of Monetary Economics，1998，22：3-42.

［17］BASSANINI A，SCARPETTA S. Does Human Capital Matter for Growth in OECD Countries? Evidence fROm Pooled Mean Group Estimates［J］. OECD Economics Working Paper，2001（282）.

［18］HERMANNSSON K，LISENKOVA K，MCGREGOR PG，KIM SWALES J K. The expenditure impacts of individual higher education institutions and their students on the Scottish economy under a regional government budget constraint：Homogeneity or heterogeneity［J］. Environment and Planning，A：International Journal of Urban and Regional Research，2013，45（3）：710-727.

［19］HANUSHEK E A，WOESSMANN L．The knowledge capital of Education and the economics of growth ［M］，MIT Press.

［20］VALERO A，REENEN V J．The economic impact of universities：evidence from across the globe ［R］．London：Social Science Electronic Publishing，2016：2.

［21］ZHANG Q T，CHARLES LARKIN C，LUCEY B M．The economic impact of higher education institutions in Ireland：evidence from disaggregated input-output tables ［J］．Studies in Higher Education，2017，42（9）：1601-1623.

［22］STOMMEL M．Effects and Consequences of Organization Size：A Study of Land-Grant Insitutions ［D］．Michigan State University，1985.

［23］COHN E，RHINE S L W，SANTOS M C．Institions of Higher Education as Multi-Product Forms：Economics of Scale&Scope ［J］．The Review of Economics &Statistics，1989（71）：284-290.

［24］BEASLEY J E．Comparing University Departments ［J］．OMEGA International Journal of Management eienee，1990，18：171-183.

［25］CHALOS P，CHERIAN J．An Application of Data Envelopment Analysis to Public Sector Performance Measurement and Accountability［J］．Journal of Accounting and Public Policy，1995，14（2）：143-160.

［26］PERJ A，STEUER．Research Assessment Exercise ［J］．Higher Education & Research Opportunities，2001，（6）：8-21.

［27］RUGGIERO J，MINER J，BLANCHARD L．Measuring Equity of Educational Outcomes in the Presence of Inefficiency ［J］．European Journal of Operational Research，2002，142（3）．

［28］MARRTIN E. Efficiency and Quality in the current Higher Education Context in Europe：an Application of the Data Envelopment Analysis Methodology to Performance Assessment of Departments Within the University of zaragoza［J］. Quality in Higher Education，2006，12（1）：57-79.

［29］ZINKOVSKY K V, DERKACHEV P V Restructuring the System of Higher Education［J］. Russian Education& Society，2018，60（5）：402-421.

［30］厉以宁. 教育经济学［M］. 北京：北京出版社，1984.

［31］邱渊. 教育经济学导论［M］. 北京：人民教育出版社，1992.

［32］王善迈. 社会主义市场经济中的资源配置［M］. 经济科学出版社，2017.

［33］崔玉平. 中国高等教育对经济增长率的贡献［J］. 北京师范大学学报（人文社会科学版），2000（1）：31-37.

［34］宋华明，王荣. 高等教育对经济增长率的贡献测算及相关分析［J］. 高等工程教育研究，2005（1）：55-58.

［35］何菊莲，李军，赵丹. 高等教育人力资本促进产业结构优化升级的实证研究［J］. 教育与经济，2013（2）：48-55.

［36］俞一珍. 我国高等教育人力资本与产业结构优化升级的互动关系研究——基于投入产出效率的分析［D］. 合肥：合肥工业大学，2016.

［37］杨天平，刘召鑫. 中国高等教育对经济增长贡献率的分析比较［J］. 高校教育管理，2014，8（3）：7-16.

［38］林凤丽，赵喜仓，陈雅慧．吉林省高等教育对经济增长贡献率研究［J］．东北师大学报（哲学社会科学版），2015（3）：81-84．

［39］王录仓，武荣伟，刘华军．中国高等教育对经济增长的空间溢出效应研究［J］．黑龙江高教研究，2015（12）：47-51．

［40］左勇华，黄吉焱．江西省高等教育与经济增长关系的实证检验［J］．统计与决策，2017（10）：104-107．

［41］汤建．高等教育结构、就业结构和产业结构的相关性分析——以安徽省为例［J］．重庆高教研究，2018，006（002）48-57．

［42］聂娟，辛士波．我国高等教育质量差异化及对区域经济增长的效应分析［J］．中国管理科学，2018（11）：58-65．

［43］刘志林．高等教育层次结构与社会经济发展关系分析［J］．高等工程教育，2019（5）：120-126．

［44］孙世敏，项华录，兰博．基于DEA的我国地区高校科研投入产出效率分析［J］．科学学与科学技术管理，2007（7）：18-19．

［45］毛盛勇，俞晓琛．中国高等教育效率的省际比较——基于DEA的分析［J］．调研世界，2011（5）：31-35．

［46］朱青．高等教育效率评价及影响因素研究［D］．重庆：西南大学，2017．

［47］李航，李成明，曲扶摇，白柠瑞．资源配置、内涵发展与双一流建设分析［J］．技术经济与管理，2018（11）92-98．

［48］管永刚．基于超效率DEA模型的高等教育资源配置效率分析［J］．黑龙江高教研究，2019（2）：84-88．

［49］陈通，向建英．西部地区高等教育投入产出相对有效性的

评价研究［J］. 西北农林科技大学学报, 2003（3）: 46-49.

［50］王巍, 王志浩, 刘宇新. 高等教育投入产出的 DEA 规模效率研究［J］. 中国管理科学, 2013（21）: 726-730.

［51］任毅, 高聪聪. 基于 DEA 模型的重庆市高等教育投入产出效率分析［J］. 经济研究参考, 2017（61）: 69-73.

［52］李宁. 普通高校成人高等教育投入产出效率的研究［D］. 大连理工大学, 2007.

［53］苟倩倩. 基于三阶段 DEA 的我国高等教育资源配置效率研究［D］. 银川: 宁夏医科大学, 2018.

［54］李新亚. 重庆市市属本科高校投入产出绩效评价［D］. 重庆: 重庆医科大学, 2016.

［55］杨梅. 河南省应用型本科院校科技投入产出效率研究［J］. 管理科学, 2018（7）: 99-101.

［56］韩海彬, 李全生. 基于 AHPA/DEA 的高校投入产出效率评价研究［J］. 复旦教育论坛, 2009, 7（1）: 66-67.

［57］李祥云. 我国高等学校投入产出的效率评估［J］. 高等教育评估, 2011（5）: 49-55.

［58］罗杭, 郭珍. 2012 年中国 985 大学效率评价［J］. 高等教育研究, 2014, 35（12）: 35-45.

［59］Hu Yongmei, Liang Wenyan, Tang Yipeng. Evaluating Research Efficiency of Chinese Universities［M］. Singapore: Springer Nature Singapore Pte Ltd, 2017.

［60］彭莉君, 余菡, 白丽新, 韩云炜. 中央部属高校的研究生教育投入产出效率研究——基于 2009—2014 年的面板数据［J］. 现

代教育管理, 2018 (003): 104-110.

[61] 王善迈, 崔玉平. 教育资源优化配置: 中国教育改革与发展中的经济学课题 [J]. 苏州大学学报 (教育科学版), 2014, 2 (04): 67-72.

[62] 赵俊芳, 李国良. 中国大学专利活动问题考察及对策研究 [J]. 高等工程教育研究, 2015 (1): 45-50.

[63] 范先佐. 理论和方法: 教育经济学学科建设的关键 [J]. 教育经济评论, 2018 (1): 12-17.

[64] 潘懋元, 贺祖斌. 关于地方高校内涵式发展的对话 [J]. 高等教育研究, 2019 (2): 34-38.

[65] 陈昊. 甘肃省属本科院校办学效益研究——基于 DEA 方法 [D]. 兰州: 西北师范大学, 2010.

[66] 袁连生, 袁强. 教育投资内部效率探讨 [J]. 教育与经济, 1991 (2): 3-7.

[67] 靳希斌. 教育经济学 (第4版) [M]. 北京: 人民教育出版社, 2009: 15.

[68] 安东尼·B. 特金森, 斯蒂格里茨. 公共经济学 [M] 蔡江南, 等译. 上海: 上海三联书店, 1992: 637.

[69] 詹姆斯·M. 布坎南. 公共财政 [M]. 赵锡军, 张成福, 等译. 北京: 中国财政经济出版社, 1991: 22.

[70] 劳凯声. 社会转型与教育的重新定位 [J]. 教育研究, 2002 (2): 3-7.30.

[71] 叶之红. 发展教育产业的概念内涵及其政策取向 [J]. 教育发展研究, 2000 (2): 15-20.

[72] 张铁明. 教育能跨入大市场吗——兼论教育进入大市场的主要障碍及其根源 [J]. 教育导刊, 1994, Z1: 21-23, 30.

[73] 王善迈. 关于教育产业化的讨论 [J]. 北京师范大学学报 (人文社会科学版), 2000 (1): 15.

[74] 厉以宁. 关于教育产品的性质和对教育的经营 [J]. 教育发展研究, 1999 (10): 9-14.

[75] 胡鞍钢, 熊义志. 大国兴衰与人力资本变迁 [J]. 教育研究, 2003 (4): 15-61.

[76] 叶之红. 发展教育产业的概念内涵及其政策取向 [J]. 教育发展研究, 2000 (2): 15-20.

[77] 袁振国. 对峙与融合 [M]. 济南: 山东教育出版社, 1995: 12-13.

[78] 李宝元, 人力资本与经济发展 [M]. 北京: 北京师范大学出版社, 2000: 151.

[79] 费方域. 企业的产权分析 [M]. 上海: 上海三联书店, 1998: 7.

[80] 张俊, 陶美重. 人力资本理论与我国高等教育发展规模浅析 [J]. 教育与经济, 2000 (6): 8.

[81] 雷鸣, 葛玉辉, 刘德华. 人才资本形成中教育投资的成本收益分析 [J]. 商业研究, 2002 (21): 16-18.

[82] 伍叶琴. 高校人力资源开发创新策略 [J]. 高教探索, 2006 (2): 73-75.

[83] 陈如平. 效率与民主——美国现代教育管理思想研究[M]. 北京: 教育科学出版社, 2004: 132.

［84］劳凯声.教育市场的可能性及其限度［J］.北京师范大学学报（社会科学版），2005（1）：16-18.

［85］李福华.高等学校资源利用效率研究［M］北京：北京师范大学出版社，2020：9.

［86］厉以宁.教育经济学［M］.北京：北京出版社，1984：11.

［87］邱渊.试论计量教育之经济效益的一些原则［J］.教育发展研究，1984（02）.

［88］陆钦仪.回顾50年，展望新世纪——对我国高等教育发展与改革的思考［J］.北京高等教育，1996（6）：12-15.

［89］毛勇.影响中国高等教育规模速度发展的因素探析——实践与反思［J］.高教探索，2005（5）：4-7.

［90］董鲁皖龙.扎根中国大地 奋进强国征程——新中国70年高等教育改革发展历程［N］.中国教育报，2019-09-22.

［91］PSACHAROPOULOS G Returns to Education：A Further International Update and Implications［J］.The Journal of Human Resources，1985，20（04）：583-604.

［93］MCMAHON W W，APPIAH E M. The Social Outcomes of Education and Feedbacks on Growth in Africa［J］.Journal of DevelopmentStudies，2002，38（04）.

［94］世界经济论坛报告［EB/OL］.世界经济论坛，2019-12-13.

［95］成刚，孙志军.我国高校效率研究［J］.经济学（季刊），2008（2）：1079-1104.

［97］亚当·斯密.国富论（上）［M］.谢祖均，译.北京：新世界出版社，2007：107-109.

［98］赵汉平.西方经济思想库（第三卷）［M］.北京：经济科学出版社，1997：314.

［99］王善迈.教育投入与产出研究［M］.石家庄：河北教育出版社，1996：123.

［100］2019 年我国政府教育投入占 GDP 比重，达 4.04%！来看看全球排名第几［EB/OL］.2020-10-10.

［101］OECD. Education at a Glance 2016：OECD Indicators［R］. Paris：OECD Publishing, 2016：177, 193.

［102］陈纯槿，郅庭瑾.世界主要国家教育经费投入规模与配置结构［J］.中国高教研究，2017（11）：7-80.

［103］World Bank. World Bank Country and Lending Groups［EB/OL］.世界银行，2017-08-31.

［104］李翔.经济转型期中国高等教育投资及其效率研究［D］.大连：东北财经大学，2014：48-51，53-55，58.

［105］曲恒昌.市场经济与我国高教经费筹集的原则与途径［J］.北京师范大学学报（社会科学版），1994（02）：68-79.

［106］许长青.公立高等教育筹资市场化、国际比较的观点［J］.中国矿业大学学报，2005（1）：35-40.

［107］龙献忠.论高等教育治理视野下的政府角色转变［J］.现代大学教育，2004（1）：74-77.

［108］徐纬光.社会形态、政治权力和教育体制——当代中国教育体制改革的逻辑［J］.复旦教育论坛，2014（2）：21-25.

[109] 教育部、国家统计局.2004 年全国教育经费执行情况统计公告 [J]. 教育发展研究, 2006 (1): 84-87.

[110] 关于 2019 年全国教育经费执行情况统计公告 [Z]. 2020-10-23.

[111] 潘晓栋. 基于 DEA 数据包络模型的水电站经济效率评价 [C]. 中国水利学会 2011 学术年会. 第二届中国小水电论坛论文集. 2011: 168-173.

[112] 吴文江. DEA 中只改变输出使决策单元变为有效的方法 [J]. 山东建材学报, 1996 (1): 56-59.

[113] BAKER R D. Maximum Likelihood, Consistency and DEA Statistical Foundations [J]. Management Science, 1993 (39): 1265-1273.

[114] OLESEN O B, PETERSEN N C. Chance Constrained Efficiency Evaluation [J]. Management Science, 1995 (41): 442-457.

[115] COOPER W W, HUANG Z M, et al. Satisyfing DEA Models Under Chance Constraints [J]. Annals of Operational Research, 1996, (66): 279-295.

[116] 胡汉辉, 等. 数据包络分析的随机性研究 [J]. 系统工程学报, 1995 (4): 101-107

[117] CHEN T Y. A comparison of chance-constrained DEA and stochastic frontier analysis: bank efficieney in Taiwan [J]. Journal of Operational Researeh Society, 2002 (53): 492-500.

[118] CHARNES A, HAAG C, JASKA P, SEMPLE J, Sensitivity of efficieney classifications in the additive model of data envelopment analysis [J] International Journal of Systems Science, 1992 (23): 789-798.

[119] ZILLA S , FRIEDMAN L . DEA and the discriminant analysis of ratios for ranking units [J] . European Journal of Operational Research, 1998, 111: 470-478.

[120] 戴勇. 基于 AHP 的 DEA 分析基础上的虚拟物流企业联盟伙伴选择 [J] . 系统工程, 2002 (3): 47-51.

[121] 李果, 王应明. 对 DEA 聚类分析方法的一种改进 [J] . 预测, 1999 (4): 66-67.

[122] 褚照锋. 地方政府推进一流大学与一流学科建设的策略与反思——基于 24 个地区 "双一流" 政策文本的分析 [J] . 中国高教研究, 2017 (8).

[123] 吉林省统计局, 国家统计局吉林调查总队. 吉林教育统计年鉴 2019 [M] . 北京: 中国统计出版社, 2020: 9, 24.

[124] 张莉. 优化吉林省高等教育财政投入的对策 [J], 长春金融高等专科学校学报, 2019 (5): 94.

[125] 陈丽媛, 刘念才. 世界一流大学建设的中国模式及其国际影响 [J] . 教育研究, 2019 (6): 105-115.

[126] 闫月勤. 我国高水平大学国际化人才培养喜忧盘点——基于四年 "大学国际化水平排名" 及数据统计 [J] . 西南交通大学学报 (社会科学版), 2017 (1): 1-10.

[127] 李丽. 基于 DEA 的高等教育投入产出效率研究 [D] . 大连: 大连理工大学, 2005.

[128] 翁明丽, 席群. 基于数据包络法的高等院校绩效评价研究——以 211 院校为例 [J] . 科学经济社会, 2013, 31 (4): 75-81.

[129] HU Y M, LIANG W Y, TANG Y P. Evaluating Research Effi-

ciency of Chinese Universities ［M］. Singapore：Springer Nature Singapore Pte Ltd, 2017（27）.

　　［130］胡咏梅，李佳哲. 21 世纪以来国内及国际教育经济学研究的热点与前沿问题［J］. 教育与经济, 2018（2）：77-87.

　　［131］彭莉君，余菡，白丽新，韩云炜. 中央部属高校的研究生教育投入产出效率研究——基于 2009—2014 年的面板数据［J］. 现代教育管理, 2018, 000（003）：104-110.

　　［132］吴英娟，秦惠敏. 高校院系财务绩效评价比较研究——基于 DEA 特色背景效益评价法［J］. 会计之友, 2013（18）：117-120.

　　［133］闵维方. 新时代教育发展的战略重点是提高国家创新能力［J］. 世界教育信息, 2018（24）：6-11.

　　［134］靳希斌. 政府教育管理职能转变与公共教育财政体制构造［J］. 现代教育管理, 2011（10）：1-4.

　　［135］周伟. 法国高等教育发展战略及其启示［J］. 世界教育信息, 2017（7）：22-26.

后 记

这本书作为吉林省教育科学"十三五"规划项目"吉林省高等教育投入产出效率研究"的最终研究成果得以出版，也是历经作者们的几番努力方得成形。

如果说这本书有一个起点的话，那就是我指导的教育经济学研究生张佳宁的硕士学位论文，当我的学生走出校门之际，我在不停地反思那篇学位论文，当我以"管中窥豹"的狭隘视角再次审视时，发现其选题尚可，且在论文完成过程中克服了诸多困难，取得了难得的数据，并建立了高等教育投入产出的评价指标体系，选用较为科学的数据包络分析法（DEA）对教育的投入产出进行了研究。本书正是以这个中心点展开扩充，结合多年来吉林省高等教育的发展实际，用数据来展示吉林省的高等教育（部分高校），用模型来分析高等教育投入产出的效率问题。本书的研究不是什么创新，但对吉林省的高等教育来说，是一个新尝试，这种尝试仅从可取得的公开数据来说，也不一定能真实地反映吉林省高等教育的现状，但毕竟这是同一分析框架下的模型运行与分析的结果，在一定的规则下，还是可以呈现出高校在一些管理上的问题，尤其是投入上的管理问题。

学术研究无止境，这句话，对于一个潜心做学术研究的人来说是其的追求。"百家争鸣，百花齐放"是学术的盛世图景，"横看成岭侧成峰"是学者的学术坚守。而我认为应该发挥学术研究的学术价值和现实的作用，之后，我马上与业已在交通银行辽宁省分行工作的学生张佳宁沟通交流，佳宁（现东北财经大学教育经济与管理专业博士研究生）认为自己的那篇学位论文的质量尚可，如果真能出版，她也会乐见其成。鉴于佳宁工作繁忙，闲暇时间比较少的工作现状，最后决定由我来全面负责成书出版事宜，佳宁只负责书稿中的第一、六、七章内容的丰富与完善工作。后来，学校的发展规划部门要求有对教育研究的深度思考与把握，以及考虑到如何带好我所在部门的这支队伍、这个团队，就与规划科的王巍进行交流，虽然她当时很忙，但还是很愿意参与进来，在书稿框架的构建中贡献了她的智慧，同时又承担了书稿中第三、四、五、八章内容的撰写工作。我作为全书的统稿者，负责框架的构建与微调，并负责书稿中第二、九、十章具体内容的撰写工作。

从 2020 年 1 月启动书稿撰写工作到 2021 年 4 月，历时 16 个月的时间。

本书得以出版要感谢书中所列的所有参考文献的作者，是你们的学术研究成果给了我们学术的启发与思考，是你们的成果成就了今日书稿的厚度，我们在书稿撰写过程中努力做到"引必注、数据必有出处"的原则，是为了学术的那份清明与尊重。即便如此也难免有挂一漏万之错，在参考文献中若有遗漏，那也是我们无心之过，敬请您的谅解。

感谢长春工业大学给我的平台，让我借助这个平台来思考和历经高等教育管理的事事与纷纷，如果没有这份经历，我也不会去深入地思考，也不会找到研究的切入点和突破口。29 年来，长春工业大学这个平台给予了我很多，她不仅是我的母校更是让我成长的摇篮，感谢工大，感谢母校！我将无愧于心，为了母校的发展贡献我微弱的力量和浅薄的智慧。

感谢吉林省教育厅党组书记、厅长王忠，感谢长春工业大学党委书记孙长智，感谢长春工业大学党委副书记、校长张明耀，感谢长春工业大学党委副书记李廷吉、副书记李东玲，感谢长春工业大学副校长王二辰、副校长林洁琼、副校长金光勇、副校长郭世强，感谢长春工业大学纪委书记吴成章，感谢长春工业大学原党委副书记、原校长张会轩，感谢长春工业大学原党委副书记孟雷，是您们的帮助、指导、关怀与提携让我不断成长成才。

感谢长春工业大学原校长张德江对我的帮助、一直关心我的成长，并能拨冗为本书作序。

感谢我的老师赵树宽，这么多年在学术上的帮助与引导，让我能够走得更远，同时老师还为这本书作了序言，这份支持与付出让学生一直处在深深的感动之中。

感谢高教所乔江艳、董宇红、王美在我教学研究与教改立项上给予的支持与帮助。

感谢学报编辑部的谢小萌、赵丽曼在我学术研究上的支持与帮助。

感谢我学习工作和生活 29 年的长春工业大学曾经共事的每位同事，是他们的帮助、协作、支持与提醒让我有了如此丰富的美好回忆。

感谢我的家人，尤其是要感谢身在天堂的父亲母亲，是父母给了我生命，并教会我做一个"品正德优行端质朴心安之人"。也要感谢我的女儿，是我利用了陪伴你的时间和应该尽一个父亲责任的时间完成了这一书稿，感谢女儿的理解，也要感谢女儿带给我的那份时时的快乐。也要感谢我的妻子，是她多承担了一份家庭工作，为我省出了宝贵的时间来完成书稿。

感谢所有帮助过我的人，是你们的帮助与付出让我有充沛的精力去承载工作、学习和生活的重负，所有的点点滴滴我都不曾忘却，感恩的种子已种在心间，有一天一定能成长为参天大树。

感谢光明日报出版社"光明社科文库"的大力支持，是出版社的支持方使该研究成果得以出版发行，这期间要特别感谢张金良老师，是他的宽容与支持让这本书的出版成为一种可能。感谢出版社的王佳琪老师，是她的辛苦与耐心成就了书稿的精准与严谨。

感谢白城师范学院这个平台让我成长，感谢奋进中的白城师范学院给我的动力，感谢白城师范学院班子集体带给我向上的力量，感谢白城师范学院师生员工质朴平实与扎根地方的那份韧劲给我的奋斗激情。

鉴于我们三人的学识、能力和水平有限，书中难免有这样或那样的错误，在此也恳请专家、学者及同行们批评指正，以便我们今后的学术之路走得更稳更远更严谨。

仅以此书献给即将迎来七秩风雨的工大建校 70 周年庆典！献给转型发展的高水平师范性应用型的白城师范学院。献给身处天堂的父母双亲！献给我的家人、亲人、朋友和同事！

2021 年 4 月 10 日 2：10 于长春东朝阳

2022 年 3 月 8 日 1：57 修改于白城师范学院